U0072714

從一國歷史
預視世界
的動向

極簡

土耳其史

閔真興

楓樹林

前言

揭開土耳其的神祕面紗

土耳其共和國，是橫跨歐亞大陸、面積多達七八萬平方公里的泱泱大國。大部分領土都位在亞洲西端的安納托利亞半島。雖然現在的疆域已經非常遼闊，但是在過去的鄂圖曼帝國時代，最大的版圖甚至有五二〇萬平方公里。

土耳其人的祖先原本就是遊牧民族，隨著各種宗教和文化傳入，而發展出獨自的歷史。

本書專為對土耳其這個生活中常見、卻又不太清楚的國家深感興趣的讀者，以淺顯易懂的方式介紹土耳其的歷史。關於土耳其人在鄂圖曼帝國成立以前的安納托利亞的軌跡、鄂圖曼帝國的擴張與分裂，以及土耳其共和國的成立及往後的發展，都會詳盡解說。

希望這本書，可以啟蒙大家深入了解土耳其的發展軌跡。

関眞興

歷史冷知識！

土耳其的4大祕密

這些意想不到的史實，就要介紹給初次接觸土耳其史的你！

Secret 1

土耳其原來是從蒙古發跡？

土耳其共和國位於亞洲和歐洲的交界，其祖先突厥語民族原本居住在蒙古高原地區。6世紀中葉於蒙古高原建國的突厥汗國，就是突厥語民族第一個建立的大帝國。

我們是從蒙古來的。

→詳情參照 20 頁

Secret 2

奴隸也能翻身成為一國宰相？

鄂圖曼帝國會召集優秀的基督徒少年，教他們土耳其語、讓他們以奴隸的身分在宮廷裡工作。這群少年剛開始只是蘇丹的僕人，但只要是才能出眾者就可以升職，甚至晉升成為大宰相。

→詳情參照 57 頁

我們是耶尼切里。

Secret 3

唯有殺害手足，才能使帝國延續!?

15世紀以後的鄂圖曼帝國，在某人登上蘇丹的寶座以前，必定要先殺死他的兄弟。聽起來很殘酷，但鄂圖曼帝國正是仰賴這個傳統才得以避免內部分裂，長年維持領土的完整。

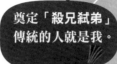

奠定「殺兄弒弟」
傳統的人就是我。

→詳情參照 63, 103 頁

Secret 4

土耳其在第二次世界大戰只參戰 3 個月!?

土耳其共和國在第二次世界大戰爆發後，試圖保持中立；但最後仍在蘇聯的施壓下，於1945年2月23日向德國宣戰。然而德國在同年5月投降，所以土耳其並沒有實際參與戰事。

我們盡可能在
戰爭時期保持中立。

→詳情參照 177 頁

接下來，我們就來探索土耳其史吧！

目錄

chapter

2 鄂圖曼帝國的創建

<阿亞索菲亞>

位於世界遺產伊斯坦堡歷史區內的清真寺，舊稱為聖索菲亞大教堂。建築經過兩次燒毀後，現存的建築是6世紀由基督教國家拜占庭帝國的皇帝查士丁尼一世（Justinianus I）下令重建。1453年以後，該建築歸屬為鄂圖曼帝國的統治之下，改建成伊斯蘭教的清真寺建築，後續又加蓋4座叫拜樓（伊斯蘭教的宗教設施常有的塔樓），成為兼具伊斯蘭與基督教風格的建築奇觀。

chapter 3
鄂圖曼帝國的擴張

chapter 4
蘇萊曼大帝的時代

chapter 5 鄂圖曼帝國的全盛期

<蘇丹艾哈邁德清真寺>

位於伊斯坦堡的大型清真寺，由艾哈邁德一世下令建造。因外觀是白底藍色，所以又稱作藍色清真寺。寺內有6座叫拜樓和直徑27.5公尺的大圓頂，內部妝點著數萬片伊茲尼克生產的藍色瓷磚和花窗。

chapter 6 帝國最後的嘗試

chapter 7 土耳其共和國成立

chapter 8 現代的土耳其

祕密專欄

序章

橫跨歐亞，比想像中距離更近的國度

提到土耳其，很多人最先想到的或許就是土耳其料理了。除了曾經流行一時的土耳其冰淇淋、土耳其酸奶以外，或許還有人想到賣沙威瑪的攤販和土耳其咖啡吧。此外，可能有人看到《土耳其進行曲》的曲名後，腦中就會自動播放起旋律。

土耳其距離日本大約有九千公里，是個有點遙遠的國度。但是，對土耳其人來說，日本卻「很近」。一八九〇年，一艘名為埃爾圖魯爾號的土耳其（鄂圖曼帝國）戰艦於日本附近海域觸礁遇難時，日本人曾經出手相救；完工於一九八八年的土耳其第二博斯普魯斯大橋建設工程，日本企業也貢獻良多，因此土耳其人普遍對日本人多了一分親切感。

土耳其北至黑海、西至愛琴海，南部有地中海包圍，與敘利亞、伊拉克、伊朗、亞美尼亞、喬治亞、希臘、保加利亞等國接壤。土耳其所在的地區稱作安納托利亞，面海地區雖然有平原，但國土整體都是高原地形。降水量較少，不適合經營農

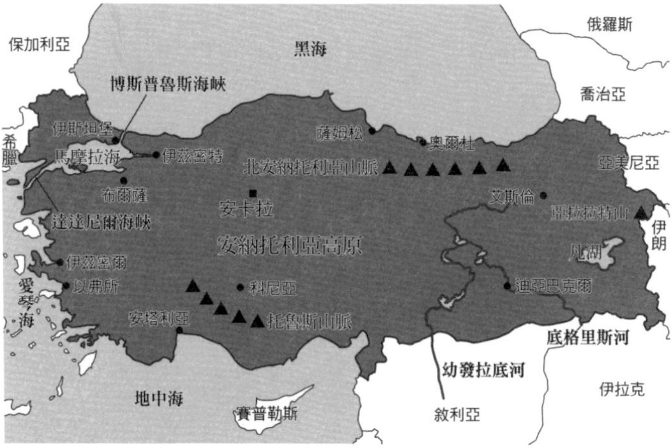

■首都
●主要城市

總面積：約780,576平方公里
總人口：約8,361萬人
安卡拉人口：約550萬人
伊斯坦堡人口：約1,500萬人

※ 參照日本外務省官網資料、土耳其共和國總統府投資局網站照

業，傳統上以綿羊和山羊的畜牧業為主。尤其在東部還有超過五千公尺高的山脈綿延，也是底格里斯河和幼發拉底河兩大中東重要河川的發源地。之外，土耳其的面積幾乎是日本的兩倍，屬於地中海型氣候，夏季乾熱，冬季溫暖。

土耳其境內除了土耳其人以外，還居住了希臘人、庫德人和亞美尼亞人。然而，土耳其人其實原本並不是住在這個地區。他們的祖先是來自距離安納托利亞十分遙遠的東方，位於今日中國北方的蒙古高原居民。

這本書所追溯的，是鄂圖曼帝國以前的土耳其與鄂圖曼帝國，以及現在土耳其共和國的歷史；土耳其的歷史也和其他國家一樣，是透過與周邊地區的頻繁互動發展而成。

因此，本書會涵蓋土耳其成立以前的安納托利亞歷史、土耳其人遷徙到小亞細亞的過程，談論土耳其這個國家的變遷。

我們先從土耳其人到來以前的安納托利亞開始，回頭追溯這段漫長的歷史吧。

chapter 1

土耳其誕生以前

人類歷史最早的金屬貨幣

在西元前二十世紀初來到安納托利亞的西臺人，於西元前十七世紀左右建立了強大的西臺王國。安納托利亞又稱作小亞細亞，位於西亞西部，是一座有黑海、愛琴海和地中海環繞的半島。

西臺從西元前十六世紀開始，將觸角延伸至敘利亞地區，與埃及發生紛爭；西元前十四世紀左右迎來全盛時期，但是在西元前十二世紀遭到肆虐周邊的「海上民族」攻擊，於是沒落。

到了西元前八世紀左右，發源自美索不達米亞的亞述王國，徹底消滅了西臺王國。而亞述王國也在西元前七世紀滅亡，開啟了新巴比倫帝國等四個國家對立的時代。安納托利亞當地成立了呂底亞王國，經濟發展十分繁榮，並鑄造了史上最早的金屬貨幣。

西元前六世紀中葉，波斯人以伊朗高原為中心，建立阿契美尼德帝國（也稱為波斯帝國），統一了包含安納托利亞到埃及、敘利亞、美索不達米亞在內的區域（古代近東），還鋪設了從首都蘇薩通往呂底亞王國首都薩第斯的道路——波斯御道。

阿契美尼德王朝在西元前五世紀初，統治了以前屬於呂底亞王國的安納托利亞半島西部、許多希臘人居住的愛奧尼亞殖民都市。愛奧尼亞殖民都市起兵反抗阿契美尼德王朝，得到希臘本土城邦的支援，於是爆發了波希戰爭。

出生於希臘北部馬其頓王國的亞歷山大大帝（Alexander the Great），在西元前四世紀下半葉占領埃及以後，消滅阿契美尼德王朝，統治巴爾幹半島到中亞的廣大領土。

當時的日本

西元前4世紀的日本，正值繩文時代到彌生時代的過渡期。從大陸傳來的稻作技術遍及全國，生活型態也從傳統的狩獵和採集，變成以稻作為主。但是稻作並沒有傳入北海道和東北地區北部，因此這些地方仍延續繩文時代的生活。

東羅馬帝國與薩珊王朝

繼承亞歷山大大帝的其中一個王朝塞琉古王朝，統治了伊朗到敘利亞、安納托利亞，另一個王朝托勒密王朝則統治了埃及。

西元前二世紀到西元後二世紀，羅馬帝國消滅了這些王國，獲得以地中海為中心的廣大領土，但仍與當時位於東方、於伊朗坐擁勢力的安息帝國對立。到了四世紀末，羅馬帝國分裂成東西二國，東羅馬帝國統治安納托利亞，與從三世紀起就在伊朗高原繁榮發展的薩珊王朝持續對立。

東羅馬帝國與薩珊王朝的對立，導致安納托利亞通往伊朗的貿易路線沒落，但卻發展出從黑海經過南俄羅斯通往中亞的路線，以及從紅海通往印度洋的路線。

土耳其人的原點在蒙古高原？

土耳其人為突厥語民族其中一支，分布在安納托利亞到中亞、甚至到北亞的廣大地區。他們的祖先最早是在蒙古高原的貝加爾湖南方到阿爾泰山脈之間，過著遊牧生活。

雖然我們普遍稱為「土耳其」，但這個名稱的正確意思是「突厥人」。當時的中國稱他們為丁令、丁靈、丁零。根據中國的史料記載，在西元前三世紀左右，蒙古的遊牧民族匈奴首度統一蒙古高原時，也統治了丁令。

從丁令開始發展的土耳其人的歷史，雖然並沒有明確的考證，不過可以推測土耳其人是在一世紀左右，在匈奴內鬥分裂時趁亂脫離，隨著原本被匈奴統治的各個民族一起遷徙到各地。

以絲路為中心

從西元前二年開始，以中亞為中心，從西方伊朗、地中海區域連接到東方中國的

絲綢之路

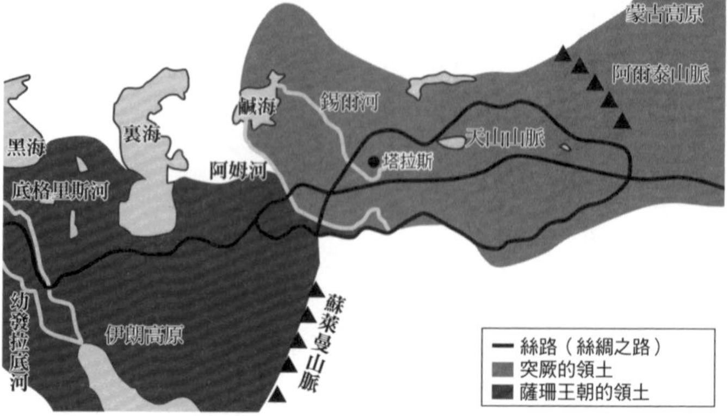

貿易路線，稱作「絲路」。中亞的貿易路線途中有好幾座「綠洲都市」，都市居民會幫助往來的商隊、參與貿易。在綠洲都市的居民，都是利用湧泉、挖掘水路獲得的地下水，從事農業和畜牧。

六世紀中葉，突厥汗國以蒙古高原為據點成立，這是突厥語民族最早建立的大帝國。突厥語民族也廣泛分布於中亞一帶，同樣代表突厥語民族的「鐵勒」一名，是用來統稱突厥汗國以外的突厥語民族。

西元六一八年，時值大唐帝國創建，國力深入中亞方面，與蒙古高原的遊牧民族和中亞的綠洲都市雙方勢力對峙。

突厥汗國將絲路北部、天山山脈北方納入版圖，並且和綠洲都市的商人聯手，透過東西交涉賺取龐大的收益。然而，他們和伊朗的薩珊王朝關係並不好，所以只好改道黑海，與東羅馬帝國建立通商關係。

突厥汗國經歷了約二百多年的繁榮後，大約在八世紀中葉，遭到同為突厥語民族的維吾爾族（又稱畏兀兒、回紇、回鶻）所滅。維吾爾族成立回鶻汗國後，介入唐朝的安史之亂，出兵協助唐朝。

但是，回鶻汗國因內鬨而分裂成東西二部，接著又遭到同為突厥語民族的吉爾吉斯（結骨）打壓。九世紀中葉，大多數維吾爾族被迫遷徙，而遷居到南方（現在的新疆維吾爾自治區）的維吾爾族，就定居在綠洲都市。

到了八世紀，穆斯林集團的勢力擴張至中亞。爆發於七五一年的怛羅斯戰役，就是伊斯蘭勢力與唐朝的戰爭，但這一戰迫使伊斯蘭勢力停止東進。

順便一提，土耳其人從突厥汗國的時代就已經發展出文字，在九～十世紀左右開始信仰伊斯蘭教。伊斯蘭教的經典《古蘭經》是用阿拉伯人的阿拉伯語所寫，必須要學會阿拉伯語才能閱讀。因此，土耳其人也學會使用阿拉伯文字。直到二十世紀，土耳其人都是用阿拉伯語字母來書寫土耳其語。

政教合一的信仰體系

七世紀初，穆罕默德（Muhammad）創立伊斯蘭教，他是一名來自麥加的阿拉伯商人，但其教義也為伊朗人和土耳其人所接受。

伊斯蘭教的目標是建立一個「宗教國家」，這個宗教國家必須由只信仰至高無上的唯一真神——阿拉的穆斯林（伊斯蘭教徒），也就是烏瑪（伊斯蘭共同體）所組成。與阻礙烏瑪的人發生的鬥爭，就稱作「吉哈德」（通稱「聖戰」，但原意並非戰爭，而是抗爭之意）。

穆罕默德口述的真主啟示都記述在《古蘭經》裡，專門研究這些啟示並做出符合當代解讀的人，稱作烏理瑪（法學者兼神學者），擁有莫大的權威。

伊斯蘭教的最高領袖稱作「哈里發」。在穆罕默德去世後，有力人士選出新的哈里發作為烏瑪的領袖。哈里發的意思就是阿拉的使徒（穆罕默德）的「代理人」、「繼承者」。但是，到了九～十世紀，哈里發的權威逐漸衰退，各地出現了有力人士「埃米爾」。

到了十一世紀，又出現權力衰退的哈里發擁護者「蘇丹」。「蘇丹」意指「來自神的權威」，具體而言，就是行使世俗權力的君主。

這裡也一併介紹在伊斯蘭世界經常引發問題的遜尼派和什葉派。簡單來說，什葉派是指將第四代哈里發阿里（Alī ibn Abī Ṭālib）的後代，視為伊斯蘭世界領袖的人。

伊斯蘭教的權威結構

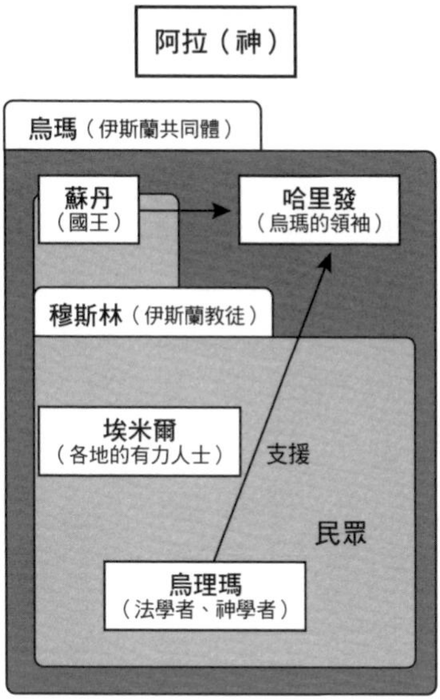

遜尼派，則是遵循穆罕默德的聖訓（Sunnah）。信徒占了多數的遜尼派普遍被視為正統，承認倭瑪亞王朝和阿拔斯帝國的哈里發。遜尼派經常與屬於少數派的什葉派發生衝突，一直延續之今。

改隨伊斯蘭教

土耳其人是遊牧民族，他們在遷往西方的過程中，逐漸加深與綠洲都市居民的交流。相較於草原的單調生活，他們開始體會到都市生活的充實。

在信仰方面也開始產生了變化，有些人從傳統的薩滿教（透過祈禱和施咒，以期超凡入聖的原始宗教）思維，轉而信仰有部分理念相似的祆教和佛教，對於高度文明的憧憬愈來愈強烈。

土耳其人也是在這個時候認識了伊斯蘭教。伊斯蘭教的教義條理清晰，不像基督教有論爭和對立。但另一方面，也有些人開始重視人類的心靈（精神），追求直接與神溝通的境界，這種傾向稱作蘇非主義（伊斯蘭教的神祕主義派系）。

原本信仰薩滿教的土耳其人很容易接受這個教義，他們之所以會逐漸改宗伊斯蘭教，也可以歸因為蘇非主義。

理想職業就是奴隸士兵！

為了維繫烏瑪，無可避免要和敵對勢力開戰，因此阿拉伯人需要集結士兵。當時的阿拉伯社會裡的有力人士，往往麾下擁有許多聽命行事的士兵。

這些有力人士，會將沒有血緣關係的人視為血親，或是把戰爭俘擄的奴隸編入士兵。如果還需要更多士兵，就會在伊斯蘭地區以外的地方購買奴隸。

這個時候被買賣的士兵，稱作奴隸士兵（馬木路克）。他們必須絕對遵從主人的命令，但奴隸也可以各憑實力出人頭地。對於過著遊牧生活的土耳其人來說，可以出人頭地的社會具有非常大的吸引力。

「突厥斯坦」在哪裡？

西元七世紀中葉，薩珊王朝滅亡後，伊朗人在中亞建立許多小型王朝。其中一個王朝，是原本仕於薩曼王朝的奴隸士兵阿爾普特勤（Alptegin），在九六二年於阿富汗獨立建立的加茲尼王朝。阿爾普特勤侵略印度、破壞印度教的寺院，奪得龐大財富。從伊斯蘭教的角度來看，他的行為十分英勇，使得加茲尼王朝的權威高漲。

在加茲尼王朝日漸強盛之際，薩曼王朝東方的突厥人建立了喀喇汗國。喀喇汗國在回鶻汗國滅亡後建立王朝，在中亞不斷擴張領土。

後來，喀喇汗國消滅了薩曼王朝，勢力進入中亞西部，所以這一帶也開始出現很

約10世紀的中亞

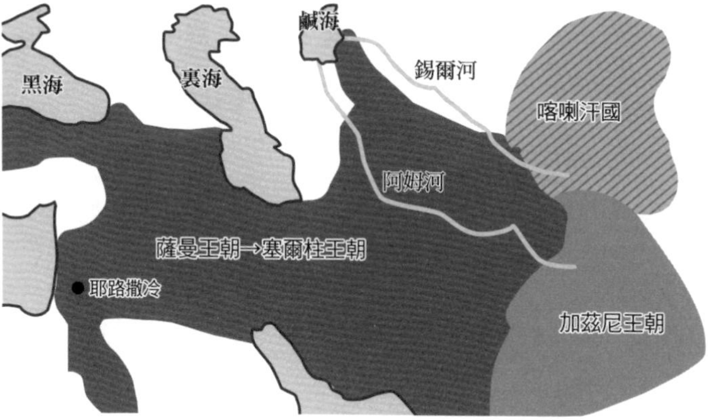

多土耳其人定居。從此以後，在阿姆河和錫爾河的上游流域就稱作「突厥斯坦」（突厥人的土地）。而在喀喇汗國的時代，許多土耳其人都改信伊斯蘭教。

同為突厥語民族的塞爾柱人，藉由幫助加茲尼王朝來發展勢力。他們最後消滅了加茲尼王朝，在伊朗東北部擴張了勢力。

哈里發與蘇丹

在加茲尼王朝建國的同一時代，現在的伊朗和伊拉克當地，伊朗人建立的布維西王朝日漸強盛。王朝的建立者是屬於伊朗人的德萊木人，他們和突厥人一樣以勇敢聞名，作為奴隸士兵的評價也相當高。

取代倭瑪亞王朝、從八世紀中葉開始君臨伊斯蘭世界中心的阿拔斯帝國權威極盛，信仰少數派什葉派的布維西王朝，沒有足夠的勢力可以消滅阿拔斯帝國。

阿拔斯家族的哈里發，也賜給布維西王朝的族長大總督（Amīr al-Umarā'，音譯為阿米爾・烏瑪拉）的頭銜，期望和平共存。結果，伊斯蘭世界因此演變出宗教權威上的哈里發，與現實社會中掌權的大總督（後來的蘇丹）共存的體制。

自從穆斯林集團成立以後，土地一直都是集團的財產，由官員徵收稅金。但是，隨著私有地逐漸增

當時的日本

西元941年（天慶4年），率領海盜在瀨戶內海沿岸掠奪的藤原純友，遭到朝廷軍逮捕。純友原是朝廷的地方官吏，卻自立為海盜頭目，反叛朝廷。源經基鎮壓這場叛亂，此事成為繼承經基血統的清和源氏崛起的契機。

加，集團徵收不到稅金，因而付不出酬勞給士兵，必須考慮更實際的方法。

十世紀左右，布維西王朝開始實行伊克塔制。伊克塔是指由王朝（政府）授權的土地「徵稅權」。有徵稅權的士兵就會有穩定的收入，願意效忠君主。而這項制度也由日後的伊斯蘭王朝傳承下去。

綠衣大食法蒂瑪王朝

正當阿拔斯帝國逐漸沒落時，九〇九年在突尼西亞興起了法蒂瑪王朝。他們在九六九年建設開羅，遷至埃及。法蒂瑪王朝和布維西王朝同樣將什葉派定為國教，自稱為「哈里發」，完全不承認阿拔斯帝國的權威。

法蒂瑪王朝的版圖從敘利亞延伸到埃及，控制從地中海通往紅海、印度洋的路線，經濟十分繁榮，在十一世紀初迎向全盛時期。然而在一〇三八年，伊朗東北部（花剌子模）成立了塞爾柱王朝後，法蒂瑪王朝開始備受威脅；再加上十一世紀末以後，十字軍奪占了敘利亞和巴勒斯坦，導致法蒂瑪王朝的統治範圍只剩下埃及。

同一時期，王朝宮廷也發生軍閥內鬥，帝國體制開始搖搖欲墜。一一六九年，薩拉丁（Ṣalāḥ ad-Dīn）創立了埃宥比王朝，法蒂瑪王朝滅亡。

突厥人創建帝國——塞爾柱王朝

烏古斯人是從六世紀左右就存在的突厥語系遊牧民族，他們隨著突厥汗國的瓦解而遷徙至西方，居住在鹹海北方。他們會從那裡南下、與阿姆河和錫爾河上游一帶的突厥斯坦交流，逐漸改宗伊斯蘭教。烏古斯人還可以再細分成二十多個部落，其中的克尼克族，正是日後塞爾柱王朝的創建者出身的氏族。其他烏古斯人則編入塞爾柱王朝的軍隊，組成進軍西方的部隊。

塞爾柱王朝的政治組織和軍隊，都是由無拘無束的土耳其人組成，可以說是土耳其人正式建立的政權。他們信仰正統的遜尼派，可以在伊斯蘭世界平等地活動。

此時在相當於現在伊朗西部到伊拉克的地區，布維西王朝的有力人士發生鬥爭，但塞爾柱王朝的軍隊擊敗了他們，於一〇五五年進駐巴格達。這件事對於姑且信仰什葉派的阿拔斯帝國哈里發來說，是個可以回歸遜尼派的大好機會，因此非常高興。於是哈里發便賜予塞爾柱王朝的統治者「蘇丹」的稱號。日後，蘇丹便成為伊斯蘭世界普遍使用的君主稱號。

而且，塞爾柱王朝也和據點位在埃及的法蒂瑪王朝開戰，併吞了敘利亞等地。之後，他們前進安納托利亞，在一〇七一年的曼齊刻爾特（馬拉茲吉爾特）戰役打敗東羅馬帝國後，將安納托利亞納入統治範圍。

土耳其人就此以安納托利亞為中心發展，但內部卻為了爭奪蘇丹的統治地位而引發混亂，塞爾柱一族各地的有力人士陷入對立、分裂的局勢。

祕密專欄

土耳其的世界遺產

希臘神話上演的舞台

現在的土耳其國土境內，在悠久的長遠歷史中有各式各樣的民族來來去去，一再經歷興盛與衰亡。因此土耳其國內擁有許多的遺跡和建築，並登錄為聯合國教科文組織的世界遺產。

首先來介紹特洛伊的遺跡。在希臘神話裡出現過的特洛伊戰爭時期，希臘軍進攻特洛伊城邦，戰況陷入膠著。因此希臘軍建造了一匹巨大的木馬，讓士兵藏身在其中。特洛伊人以為木馬代表希臘人投降，便把木馬拉進城裡。當天晚上，從木馬裡現身的希臘士兵攻陷了特洛伊城。

相信這段神話是史實的德國企業家海因里希·施里曼（Heinrich Schliemann），從一八七〇年開始，耗時三年在特洛伊考古挖掘，結果發現了許多寶物（普里阿摩斯的寶藏）。

卡帕多奇亞

特洛伊木馬

位於安納托利亞高原中部的卡帕多奇亞，是一片南北縱長約五十公里的乾燥地帶，當地到處都是形狀宛如蘑菇般的罕見蕈狀岩，呈現一片不可思議的風景。

而在格雷梅地區，有過去人們挖掘這些岩群並居住於此的洞穴式住居遺跡。這裡是從四世紀到十一世紀，由藏身在這片區域的基督徒所建造的洞穴住所、教堂和修道院。

距離首都安卡拉約一百五十公里以東的哈圖沙，有西元前十七世紀西臺王國的遺跡。

遺跡是由全長六公里的城牆圍繞而成，可以參觀巨大岩石建造的大神殿和城門遺跡，回顧當年擁有強大的馬匹與戰車、全世界最早使用鐵器的軍事大國的風貌

耐人尋味的土耳其偉人❶

「王國之綱紀」的塞爾柱維齊爾

尼札姆・穆勒克

Nizam al-Mulk

（1018～1092）

中世紀伊斯蘭的政治、學問、宗教的大功臣

尼札姆・穆勒克的本名是阿布・阿里・哈桑（Abu Ali Hasan），他年輕時在阿富汗的加茲尼王朝仕官，後來出仕塞爾柱王朝。

他獲得塞爾柱王朝的蘇丹阿爾普・阿爾斯蘭（Alp Arslan）拔擢成為維齊爾，投入政治和軍事改革。他改善了行政組織，整頓軍隊、發動遠征，並成功擴張了領土。後來他又繼續效忠下一任的蘇丹馬立克沙一世（I. Melikşah），因功績而獲賜尼札姆・穆勒克的稱號，意即「王國之綱紀」。

此外，尼札姆還為馬立克沙一世與眾臣編撰了《治國策》，談論統治行政的準則。而且，他也在國內各地廣設尼札米亞學院，作為復興遜尼派伊斯蘭教的學校。1092年，他在從伊斯法罕前往巴格達的途中，遭到阿薩辛派暗殺身亡。

chapter 2

鄂圖曼帝國的創建

十三世紀的安納托利亞半島

十一世紀正式進駐的塞爾柱王朝中的一大勢力——魯姆蘇丹國，在統治安納托利亞半島期間，來自西方、企圖奪回聖地的十字軍也在此時活躍。

到了十二世紀下半葉，東羅馬帝國的權威顯著衰退，魯姆蘇丹國的勢力也隨之式微。這時，魯姆蘇丹國的豪族（貝伊，泛指各省區的執政者），在安納托利亞各地建立了小侯國。

十三世紀，蒙古人侵略西亞各地，突厥人為逃離蒙古鐵蹄而紛紛流入安納托利亞半島，導致該地的突厥語民族愈來愈多。多數突厥人放棄遊牧生活，開始在都市裡定居，並且慢慢改宗伊斯蘭教，使安納托利亞的穆斯林逐漸增加。

十一世紀中葉以後，保衛阿拔斯帝國的塞爾柱王朝也因為爭奪蘇丹的地位而發生內鬥，國力逐漸衰退。

在埃及，埃宥比王朝在建國者薩拉丁去世後，為了強化軍事、重建體制而買進大

13世紀末的伊斯蘭國家

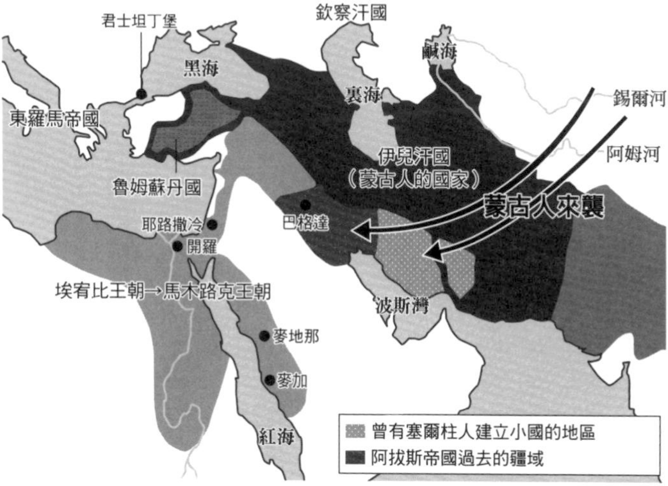

量的馬木路克（即土耳其奴隸）。西元一二五〇年，馬木路克發起政變，推翻埃宥比王朝，建立馬木路克王朝。

與此同時，被蒙古人逐出巴格達的阿拔斯家族，則流亡到馬木路克王朝，只能在開羅苟延殘喘、勉強維持哈里發的地位。

但是，蒙古人在一二五八年占領了巴格達，阿拔斯帝國徹底滅亡，哈里發的權威也不復存在。十二～十三世紀的西亞世界，就這樣一直處於兵荒馬亂之中。

建國之父奧斯曼

十三世紀下半葉，安納托利亞半島有許多貝伊建立的侯國分立，其中之一就是奧斯曼侯國。與安納托利亞半島西北部的其他侯國相比，它算是很小的國家。

安納托利亞西北部在當時，是東羅馬帝國和伊斯蘭勢力的交界。東羅馬帝國沒落後，已無力守衛邊境；而伊斯蘭勢力沒有足夠強大的勢力可以統率對立的中、小型勢力，加上還有蒙古人來襲，導致局勢混亂不堪。

就在此時，一個名叫奧斯曼（**Osman Gazi**）的有力豪族登場。以他為領袖的集團，一二九九年在君士坦丁堡（康斯坦丁堡）對岸建立了侯國。一三〇二年，奧斯

曼集團首次戰勝東羅馬帝國，吸引許多人加入，包括渴望一本萬利的投機者在內。早期的奧斯曼集團，據說從語言和名字的特色來看，成員多數都是土耳其人。加入這個集團的人，不再過著隨季節遷徙的遊牧生活，開始願意接受新的價值觀。其中一個觀點，就是他們認為自己是加齊（信仰武士）。

※編註：鄂圖曼帝國是以開國蘇丹奧斯曼一世之名作為國號，在中文譯名裡，習慣上多依照英語轉音後的名稱「Ottoman」，翻譯為「鄂圖曼帝國」；另有依照土耳其語，亦翻譯為「奧斯曼帝國」、「歐斯曼帝國」等稱呼。

以加齊之名

加齊，是指在穆斯林居住的邊境地帶對抗異教徒的伊斯蘭士兵。但是實際上，他們的生存價值與其說是為了信仰，不如說是為了搶奪和戰鬥，他們為了將這些行為正當化，會視欲攻擊的對象為「無信仰者」，並認同自身是有信仰的加齊。

當時住在安納托利亞的人，距離伊斯蘭教的中心開羅（埃及）、基督教的中心君士坦丁堡都很近，卻不太清楚自己對各個宗教究竟信仰到什麼程度。

基督徒的集團當中，也有像加齊一樣以強盜為業的人。奧斯曼攻擊基督教勢力時，也會利用這些人。

加齊的人數因為這個動向，而有逐漸增加的趨勢。奧斯曼會將土地賜給征戰的人作為獎賞。加齊的人數愈來愈多，奧斯曼就需要更多土地，因此必須展開新的征服行動。他的統治領域就在不斷征服的過程中逐漸擴大。

奧爾汗的實力

奧斯曼的繼承人奧爾汗（Orhan Gazi），正式開啟了對東羅馬帝國的戰爭。

一三二六年，他在安納托利亞占領了東羅馬帝國的重要據點布爾薩，在該地鞏固了

14世紀左右的鄂圖曼帝國領土

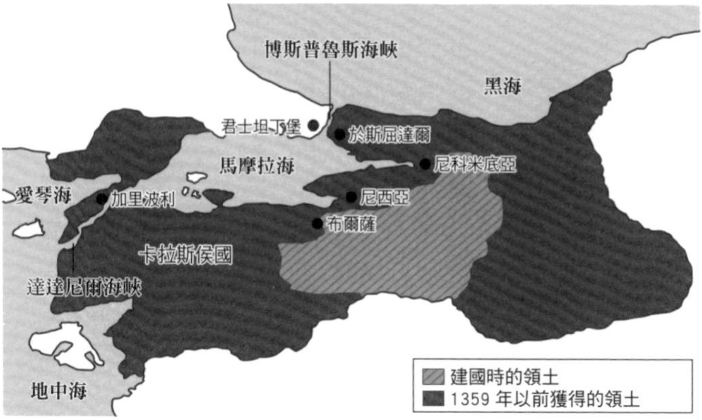

國家體制。奧爾汗不斷征戰，陸續控制了尼西亞、尼科米底亞，接著又在一三三八年，占領了隔著博斯普魯斯海峽與君士坦丁堡相望的城市於斯屈達爾。

當時東羅馬帝國因爭奪皇帝繼承權而內鬥，皇室成員約翰六世（John VI）請求奧爾汗支援，報酬是奧爾汗可以和東羅馬帝國的公主結婚、與東羅馬帝國建立姻親關係。為了維持東羅馬帝國的體制，這場政治聯姻勢在必行。

奧爾汗也將領土拓展到安納托利亞，併吞了面朝達達尼爾海峽的卡拉斯侯國。

十四世紀中葉，奧爾汗也進軍巴爾幹半

島。巴爾幹半島是指位在多瑙河中游和下遊附近，匯入多瑙河的支流薩瓦河以南的地區。半島內有沿著亞得里亞海南北縱貫的山脈，東部則有東西向的山脈，中間遍布平原，人們都是透過流經此處的河川出海。

一三五四年，奧斯曼侯國還占領了達達尼爾海峽對岸的加里波利，將達達尼爾海峽納入統治範圍內。

勢力仍有待加強的奧爾汗，為了對抗在東地中海勢力強大的威尼斯共和國，便和其對手熱那亞共和國聯手。基督教勢力和伊斯蘭勢力經常像這樣跨越宗教上的藩籬，在政治上互助合作。

第一任蘇丹奧斯曼與第二任蘇丹奧爾汗，並沒有刻意忽略安納托利亞半島，只是安納托利亞半島上有很多土耳其人，奧斯曼侯國並不想與他們為敵，所以才會併吞幾個小國或是與之締結同盟，與東部的大侯國交好。比起在安納托利亞開戰，奧爾汗選擇在巴爾幹半島擴張勢力，而此一策略也大獲成功，奧斯曼侯國就此逐漸邁向「帝國」之路。

紛爭的中心——巴爾幹半島

鄂圖曼帝國後來坐擁橫跨歐、亞、非三洲領土，其立足點正是巴爾幹半島。

歷史上，許多民族遷徙進巴爾幹半島，也有不少人就此定居下來，這個地區的民族結構十分複雜。人們的生活型態也五花八門，除了平原地帶的農耕者、往來山地和平原之間的遊牧者以外，還有以山地為據點的逃亡者和山中盜賊，他們的動向也影響了歷史發展。

隨著東羅馬帝國的權威顯著低落，巴爾幹半島有很多中小型侯國分立。自十二世紀以來，塞爾維亞和保加利亞脫離東羅馬帝國的統治。十四世紀中葉，塞爾維亞國王斯特凡·烏羅什四世·杜尚（Stefan Uroš IV Dušan）將勢力拓展到保加利亞、阿爾巴尼亞、馬其頓，並且將目標放在征服東羅馬帝國。

然而，杜尚的猝逝卻讓塞爾維亞開始衰微，於是巴爾幹半島陷入分裂。

穆拉德一世進駐巴爾幹

西元一三五九年（或說一三六二年前後），奧爾汗逝世後，兩位兒子哈利勒（Şehzade Halil）和穆拉德（Murad）為了爭奪蘇丹的繼承權而兄弟鬩牆，但詳細經過並不明朗。

一三六二年，穆拉德一世（I. Murad）即位。他對安納托利亞半島的突厥人侯國採取和平政策，極力避免對立局勢，建立國內可以穩定執政的體制後，才開始積極進軍巴爾幹半島。

大約在一三六三年，穆拉德占領了巴爾幹半島的其中一個樞紐埃迪爾內。該地後來在安納托利亞成為與布爾薩同等重要的鄂圖曼帝國第二政治大城。一三八七年，他又占領愛琴海北岸的薩洛尼卡（塞薩洛尼基），儼然包圍起君士坦丁堡。

威尼斯共和國與教宗都不樂見鄂圖曼帝國進駐巴爾幹半島，因此號召安納托利亞的卡拉曼侯國等反鄂圖曼勢力，煽動他們向鄂圖曼帝國宣戰。

雖然當時塞爾維亞王國的勢力因為斯特凡・烏羅什四世・杜尚的死而衰退，但依然是巴爾幹半島上的最強勢力。塞爾維亞王國與鄂圖曼帝國最終於一三八九年開戰（科索沃戰役）。

科索沃戰役集結了許多反鄂圖曼的勢力，戰爭就在對鄂圖曼帝國不利的情勢下展開。

而且，塞爾維亞還派出刺客成功暗殺了穆拉德一世，導致鄂圖曼軍心動搖，所幸後來在穆拉德之子巴耶濟德一世（I. Bayezid）的領導下贏得了勝利。結果，巴爾幹半島成為鄂圖曼帝國的領土，唯一剩下的就只有匈牙利了。

全新的軍隊

在穆拉德一世的時代，鄂圖曼帝國開始建構國家體制。隨著統治領域的擴大，各個地區都需要司令官，軍隊也需要有人統率。因此帝國的官僚制度逐漸整頓完備，再也不必靠蘇丹獨自尋找人才、任命官職。

他參考過去興盛一時的阿拔斯帝國的官僚制度，設立了名為「維齊爾」的職位，作為軍事和行政大臣。而負責領導這些維齊爾的正是「大維齊爾」（或翻譯為輔政大將軍），就任這個職位的人是輔佐蘇丹的最高級大臣。

穆拉德一世在整頓官僚體制的同時，也實行了軍制改革。

鄂圖曼帝國軍團原本分成由加齊組成的軍隊，以及以部落為單位組成的軍隊，兩個軍團的主力都是配備有弓箭和長矛的土耳其人。帝國並不會給予士兵酬勞，而是允許他們在征服地掠奪。

但是在攻打城邦時，以弓矛為武器的戰術毫無用處；而目的是賺取報酬的戰士會大肆搶奪當地物資，反而阻礙鄂圖曼利用談判來解決紛爭。

因此，穆拉德一世先是切割了加齊與軍團的關聯，將他們任命為邊境的守衛，另外組成新的軍隊。這支軍團就稱作「耶尼切里」（新軍）。十四世紀中葉的耶尼切里屬於戰俘的一部分。這些俘虜會被安排進土耳其人家中，學習土耳其語，並改信伊斯蘭教、培養穆斯林的生活習慣，之後才編入鄂圖曼軍團。

這時，鄂圖曼帝國導入了米利特（意指擁有同一信仰的人物集團）制度。這項制度規定非穆斯林只要繳交吉茲亞（人頭稅），就可以信仰伊斯蘭教以外的宗教而無須改宗。此外，鄂圖曼帝國境內有許多基督徒居住的地區，此時也允許基督徒在放棄對抗的前提下自治。

伊斯蘭教雖然給人排斥其他宗教的印象，不過當時的穆斯林並不會迫害其他宗教的信徒。

蘇丹的家譜①

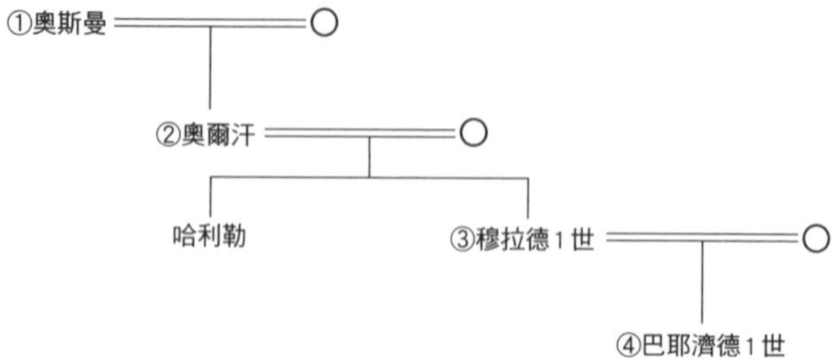

帝國一度亡於帖木兒鐵騎之下？

在穆拉德一世遇刺後即位的巴耶濟德一世，將巴爾幹半島納入鄂圖曼帝國的領土，正式開始出兵鎮壓安納托利亞。

巴耶濟德一世先逼迫巴爾幹半島的塞爾維亞等國宣示效忠，緊接著進軍東方。為了避免土耳其人自相殘殺，他動用的並不是正在編制的耶尼切里，而是塞爾維亞等國的士兵。

然而就在此時，帖木兒（Tēmōr）的勢力在中亞一帶迅速崛起，逼近安納托利亞。安納托利亞內的反鄂圖曼勢力，都期待帖木兒可以打倒鄂圖曼軍；但是帖木兒為了支援在阿富汗一帶苦戰的親兒子，卻轉而進軍印度。

結果，巴耶濟德一世打敗了安納托利亞的反鄂圖曼勢力。

在情勢的推波助瀾下，巴耶濟德一世率領的鄂圖曼勢力於一三九六年，重新入主巴爾幹半島，並且在多瑙河下游的尼科波利斯戰役中取勝，宣揚自己作為「帝國」的權威。

但是到了一四〇二年，鄂圖曼帝國在安納托利亞中部的安卡拉敗給了帖木兒，耶尼切里幾乎全軍覆沒，連巴耶濟德一世也陣亡。相傳他成為帖木兒的俘虜後備感屈辱而死去，也有說法認為他是自殺。

於是，鄂圖曼帝國暫時陷入了「滅亡」狀態。

當時的日本

1401年（應永8年），室町幕府第3代將軍足利義滿派遣使者拜訪中國明朝，開啟了日明貿易（勘合貿易）。義滿被明成祖封為「日本國王」，但這意味著日本加入以明朝為宗主的冊封體制，日明貿易實質上就是朝貢貿易。

祕密專欄

土耳其的體育運動

土耳其人熱衷的足球和塗油摔跤

土耳其人最熱愛的運動就是足球。二〇〇二年在日韓兩國聯合舉辦的世界盃足球賽當中，土耳其在決勝淘汰賽打敗日本晉級，最終榮獲季軍。

雖然土耳其有很多職業足球隊，但是只有十八支隊伍能夠擠進甲級聯賽「土耳其足球超級聯賽」，每年成績最後三名的隊伍會降級至乙級聯賽，由乙級聯賽的前三名隊伍晉級遞補。

土耳其國內最受歡迎的足球隊，是主場位於伊斯坦堡的加拉塔薩雷，據說每三個土耳其人當中就有一人是他們的球迷。日本的長友佑都、稻本潤一兩位足球選手都曾經隸屬於這支隊伍。主場同樣在伊斯坦堡的費內巴切，也是相當受歡迎的足球隊。由費內巴切對上加拉塔薩雷的「伊斯坦堡德比戰」，亦是土耳其足球界炒得最火熱的一戰。

塗油摔跤

足球

此外，土耳其的傳統運動當中，還有一項著名的「塗油摔跤」，日本稱為土耳其相撲。

塗油摔跤是兩名身穿牛皮長褲、上半身赤裸的男子互相出力較勁的競技活動，只要迫使對方的雙肩落地、抬起對方走三步，或是逼得對方認輸就算勝利。比賽方式和相撲、角力很像，特色在於選手全身都會塗滿橄欖油。這項運動起源於鄂圖曼帝國時期的十四世紀，目前已登錄為聯合國教科文組織無形文化遺產。

除此之外，讓駱駝彼此較勁的「駱駝角力」也是土耳其的傳統競技。這些傳統競技都是土耳其的重要文化，現今依然持續傳承下去。

以機智聞名，土耳其的一休和尚

納斯雷丁・霍加

Nasreddin Hoca

（1208～1284）

土耳其最具代表性的幽默大師

相傳納斯雷丁・霍加是在13世紀初出生於中安納托利亞的西部地區，原本是伊斯蘭教的神學校教師。

納斯雷丁就有如日本的一休和尚，留下許多聰明又機智的幽默故事。他也被塑造成傳說中的角色，並且在安納托利亞和巴爾幹半島、阿拉伯地區流傳許多事蹟，統稱為「納斯雷丁故事」。

其中一個故事是這樣的。有一天，納斯雷丁在清真寺裡談論阿拉有多麼尊貴時，村莊裡最不信神的一名男子來到這裡，大膽向他提出質疑：「老師，我不相信阿拉存在，你要如何證明祂存在？」納斯雷丁回答：「雖然我出生於世已經有70來年了，但是美夢卻從來不曾如我所願成功實現。這就是證明。」「為什麼這就能夠證明阿拉存在？」「意思就是，人世間的事，永遠只會按照阿拉的意願發展啊。」

chapter 3

鄂圖曼帝國的擴張

長達十年的大空位期

打敗鄂圖曼帝國的帖木兒，並沒有直接統治安納托利亞，而是回到了中亞。他還讓巴耶濟德一世消滅的安納托利亞諸國復興，由它們自行治理。

帖木兒甚至沒有殺死巴耶濟德一世的兒子，還把次子穆斯塔法（Mustafa）帶回中亞。么子優素福（Yusuf）受到東羅馬帝國皇帝庇護，在君士坦丁堡改信基督教。剩下的四個兒子分別是蘇萊曼（Süleyman）、穆罕默德（Mehmed）、伊薩（İsa）和穆薩（Musa）。

蘇萊曼領有巴爾幹半島，穆罕默德和伊薩領有安納托利亞，穆薩則是由穆罕默德庇護。

四子後來漸成對立之勢。穆罕默德先向伊薩開戰，迫使伊薩死於戰場；他接著將軍隊交由穆薩、攻打蘇萊曼。雖然穆薩戰敗了，卻用奇招殺害蘇萊曼。

之後，穆罕默德接收蘇萊曼的軍隊，轉而與勢力壯大的穆薩交戰。一四一三年，穆罕默德大獲全勝，以穆罕默德一世的名義即位，終結了持續約十年的大空位期，復興鄂圖曼帝國。

兄弟之爭再起

成為蘇丹的穆罕默德一世，幾乎收復所有在安卡拉戰役以前失去的領土。鄂圖曼帝國之所以能夠重建成為強國，是因為建立了以維齊爾為中心的官僚制，而且耶尼切里軍團充分理解穆罕默德一世想重新統一國家的心願、為此效命的緣故。

然而，在穆罕默德一世時代末期，又再度發生兄弟之爭。被帖木兒擄走後下落不明的穆斯塔法突然現身於布爾薩。據說這可能是帖木兒為了擾亂鄂圖

當時的日本

鎌倉府以室町幕府的派駐機關的名義，統治關東地區。身為公方（長官）的足利持氏，因上杉禪秀辭去關東管領（輔佐鎌倉公方的官位），任命上杉憲基擔任此職。禪秀對此不滿，於1416年叛亂，遭幕府軍討伐，最後自殺身亡。

蘇丹的家譜 ②

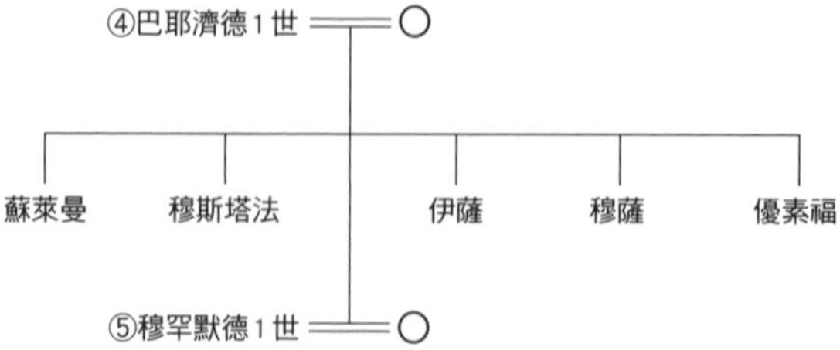

曼帝國，才在此時放他回國。

兄弟持續爭鬥到最後，穆斯塔法未能戰勝穆罕默德一世，於是逃亡到東羅馬帝國。穆罕默德一世雖然後來捉到了穆斯塔法，但還沒能處死他就先行離世，由長男穆拉德二世（II. Murad）即位。

穆罕默德一世有四個孩子，為了避免兄弟鬩牆，他還特地拜託東羅馬帝國不要出手幫助任何一位王子。他以為這樣就能維持國家安定，結果卻適得其反，此舉成為東羅馬帝國皇帝介入鄂圖曼內政的原因。

在穆拉德二世的時代，安納托利亞各個侯國擔心鄂圖曼帝國的勢力再度壯大，紛紛發起叛變，導致混亂的局面繼續延燒。不過，所幸侯國的勢力薄弱，讓穆拉德二世總是能夠化險為夷。

成功重建國家體制的穆拉德二世，奠定了鄂圖曼帝國政權的正統性，讓奧斯曼家族得以在土耳其人的歷史上，光明正大地傳承名門的血脈。這件事對日後仍繼續與蒙古和帖木兒對抗的鄂圖曼帝國來說，無疑是強大的精神支柱。

奴隸竟能入宮成為菁英？

穆罕默德一世和穆拉德二世的時代，為鄂圖曼帝國建構了獨特的官僚和軍隊錄用制度——德夫希爾梅制。

這個制度是在巴爾幹半島的農村召集聰明健康的基督徒少年，交由農家撫養以學習土耳其語、改信伊斯蘭教，待成年後篩選人才，特別優秀者便安排入宮。

而且，他們還會被發配到常備的騎兵軍團和耶尼切里。進入宮廷者負責照顧服侍蘇丹的日常生活，等他們成年以後，就有機會爭取大維齊爾等宮中要職。他們的身分雖然是「奴隸」，卻也是菁英。

蘇丹有權要求「蘇丹的奴隸」（卡普庫魯）從命、任意處罰反抗者，所以才能夠強化專制體制。

蒂馬爾制的統治基礎

要「和平」統治幅員廣闊、多元民族的國家絕非易事，鄂圖曼帝國可以說是難得成功的國家。成功的因素有很多，其中之一就是他們並沒有嚴厲迫害征服地的基督教徒，而是寬容地將他們編入體制內。

其中一項重要政策就是蒂馬爾制。根據這個制度，鄂圖曼軍團可以在已征服的地區徹底掠奪，為了讓這群在奧斯曼侯國時代召募得來的士兵成為在籍的士兵、擴大帝國統治範圍，才會命令他們在目的地掠奪。

遭到掠奪的地區會先成為屬國，有義務繳納稅金、提供士兵。而且，原本統治這個地區的君主會遭到流放，讓此地成為蘇丹的直轄地。

直轄地又會再劃分，並派遣伊斯蘭士兵進駐劃分好的土地（蒂馬爾），允許他們徵收稅金，代價是他們必須回應蘇丹的徵召而參戰。於是，蘇丹和士兵之間形成主從關係。為了統率每個地區的士兵，中央政府會派遣長官負責管理。於是，鄂圖曼帝國以蒂馬爾制為基礎，鞏固了中央集權體制。

王子離奇死亡

在穆拉德二世的在位期間，國家體制總算穩定下來，然而此時卻發生了王子阿拉丁（Alaeddin Ali Çelebi）離奇死亡的事件。為此傷心欲絕的穆拉德二世，在一四五一年將蘇丹的地位傳給穆罕默德二

當時的日本

1449年（文安6年），足利義政就任為室町幕府第8代將軍。起初義政還表現得很有將軍的風範，但後來卻讓側近掌握實權，自己對政治逐漸失去了熱情。義政欠缺領袖精神，導致後來發生的「應仁之亂」演變為長期動亂。

世（II. Mehmed），從此退出政壇。

穆拉德二世退位時，與塞爾維亞和匈牙利等國簽訂了十年和平條約，自己則移居到西安納托利亞，以震懾其他有力侯國，同時支援年僅十二歲的穆罕默德二世。大維齊爾錢達爾勒・哈利勒（Çandarlı Halil）也從旁輔佐穆罕默德二世。

但是，在穆拉德二世退位後，原本簽署和約的保加利亞和匈牙利等有力侯國，紛紛開始起兵反抗。另外還有一群耶尼切里發起叛亂，要求穆罕默德二世退位。穆罕默德二世用加薪安撫了耶尼切里的不滿；同時，在大維齊爾錢達爾勒・哈利勒的請求下，穆拉德二世才又重新出山領導軍隊，軍事鎮壓有力侯國的叛亂。

雖然穆拉德二世應錢達爾勒・哈利勒的請求而復位，但卻在一四五一年去世，由十八歲的穆罕默德二世重新即位。

財產投入公共設施

這時，歐洲的好景氣和蒙古來襲，讓各國聚焦於亞洲，東西交流開始興盛起來。在這個背景之下，伊斯蘭世界的經濟大幅發展，有錢的富翁愈來愈多。因此，君主把腦筋動到他們的財產上，決定實施課稅。

這些富翁不希望財產被君主徵收，就以捐獻的名義，把財產投入公共建設。這個作法就稱作「瓦合甫」，是伊斯蘭教信仰孕育出來的獨特制度。

透過瓦合甫捐獻的土地和財產，會用於建設清真寺、醫院、學校、商隊的住宿設施，也會用來整頓都市，對伊斯蘭教圈的都市發展有很大的貢獻。後來，有錢人便不斷利用這個制度，以逃避君主和國家徵稅。

「殺兄弒弟」慣例的起源

這裡來說明一下鄂圖曼帝國「殺兄弒弟」的傳統。穆罕默德二世在即位前，殺害了才剛出生不久、還在襁褓中的弟弟艾哈邁德（Ahmed）。這就是鄂圖曼帝國惡名昭彰、蘇丹即位時必定會發生的「殺兄弒弟」的開始。

在突厥語民族和蒙古族的王朝中，如果出現擁有超凡特質的領袖，國家就會繁榮發展；但是當那個人死後，就會因為繼承權之爭而引發混亂，兄弟和有力人士內鬥，甚至導致國家和國土分裂。

穆罕默德二世冷酷的行動，從此讓鄂圖曼帝國免於分裂國土、得以長久延續下去。

穆罕默德二世陸續攻陷了安納托利亞的有力侯國，最後終於攻抵君士坦丁堡。

但是，大維齊爾錢達爾勒透過與威尼斯共和國和東羅馬帝國的貿易而獲利，因此反對與東羅馬帝國開戰。於是穆罕默德二世重用卡普庫魯，藉此打壓錢達爾勒。

這時，熱那亞共和國保持中立，曾讓鄂圖曼軍團苦戰的匈牙利則尚未決定參戰，

只有塞爾維亞等勢力加入鄂圖曼軍。

一四五三年四月，鄂圖曼帝國與東羅馬帝國對決。東羅馬帝國有七千多人，鄂圖曼軍則號稱有八萬人，從兵力來看，鄂圖曼軍擁有壓倒性的優勢。但君士坦丁堡的南、東、北部環海，北邊的金角灣入口甚至拉起了鎖鍊，鄂圖曼軍不可能派船艦進攻；西部又有雙層城牆，不論從哪一邊進攻，都讓鄂圖曼軍吃足了苦頭。

鄂圖曼軍為了打破金角灣的防守，採取迴避鎖鍊、讓艦隊翻山越嶺的戰術。

至於如何攻破西部的雙重城牆，則是靠大砲大顯身手。成功打破城牆一角的鄂圖曼軍蜂擁而入，於一四五三年五月攻陷君士坦丁堡。延續超過一千年

當時的日本

1455年（享德3年），鎌倉公方足利成氏殺害了關東管領上杉憲忠。從很久以前就不和的兩家，後來發展成使關東地方的武家分裂成兩大派的爭鬥。這場長達28年的「享德之亂」，揭開了關東的戰國時代序幕。

東羅馬帝國滅亡時

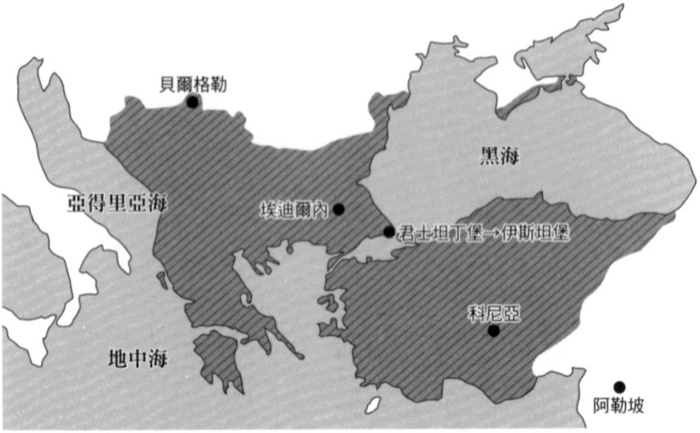

歷史的東羅馬帝國就此滅亡。

新首都伊斯坦堡

君士坦丁堡成為鄂圖曼帝國領土後，改名為伊斯坦堡，這個名稱是取自希臘語「εἰς τὴν Πόλιν」（進城去）。

但是，加齊卻不滿意穆罕默德二世將這座城市定為首都，他們認為鄂圖曼帝國前線的埃迪爾內才是最理想的首都地點。即使如此，穆罕默德二世依然堅持將首都設在這座連結歐洲和亞洲的城市。

過去人口曾多達五十萬的伊斯坦堡，在淪

陷時驟減至七萬人。因此，穆罕默德二世力圖復興伊斯坦堡。為了復甦經濟，他強迫附近都市的商人和工匠搬遷至伊斯坦堡，還號召穆斯林以外的教徒移居。

君士坦丁堡淪陷之際，伊比利半島的基督教徒發起的再征服運動（收復失地運動。為了奪回遭到穆斯林占領的土地而發起的戰爭）迎向終結。因此，穆罕默德二世也呼籲脫離半島的穆斯林，以及受到基督教迫害的猶太人移居伊斯坦堡。

此外，他還下令建設新的清真寺，並設立醫院和濟貧設施。當時最大的威脅，是十字軍為了奪回遭鄂圖曼占領的基督教國家而發起東征，所以他也計劃修復戰爭毀壞的城牆、加強國防，不過最後十字軍並未出動。

興建托普卡匹皇宮

穆罕默德二世從一四六〇年代開始建設托普卡匹皇宮，於一四七八年左右完工。宮殿外庭的一角有個召開帝國會議的小型建築，以大維齊爾為首，國內權力最高的大臣全都會聚集在那裡開會。

起初蘇丹也會出席會議，不過後來改成從其他地方監看、聽取會議，這樣不僅可以為會議製造緊張的氣氛，也能更加抬高蘇丹的權威。外庭也是接見外國使節的場所，豪華的布置令眾使節為之驚異。

相對於外庭，內庭則是蘇丹私下生活起居的地方，通過德夫希爾梅制召集的少年，當中特別優秀的人都在這裡履行職務、接受教育，長大成人後就會成為中央或地方的高官。

此外，還有蘇丹與王妃、年幼的王子與公主生活起居的後宮（Harem）。王室以外的人士皆禁止進入此地，只由已閹割的黑人宦官處理必要的事務。

征服戰爭再起

穆罕默德二世攻陷伊斯坦堡後，翌年再度開始進軍巴爾幹半島，併吞多個小國、逼近匈牙利，一路占領至貝爾格勒南部。另外，他還攻陷了巴爾幹半島西南部的阿爾巴尼亞，併入鄂圖曼帝國的疆域。

他也進攻多瑙河北岸的瓦拉幾亞（現在的羅馬尼亞）地區。瓦拉幾亞南部有曾仕於鄂圖曼宮廷的弗拉德三世（Vlad Ⅲ Drăculea Ţepeş），他與穆罕默德二世交戰。但穆罕默德二世利用瓦拉幾亞內部的對立，以成功的外交手段讓瓦拉幾亞成為鄂圖曼帝國的屬國。

穆罕默德二世也把目光放向安納托利亞，消滅東北部海岸的特拉比松帝國。此時的安納托利亞，從東部到中亞一帶的勢力範圍，正屬於迎向全盛時期的白羊王朝。這個國家非常強大，連穆罕默德二世都難以應戰，不過他仍在一四七三年於特拉布宗附近的戰役中取勝。白羊王朝後來遭到伊朗的薩法維王朝消滅。

15世紀下半葉鄂圖曼帝國的領土

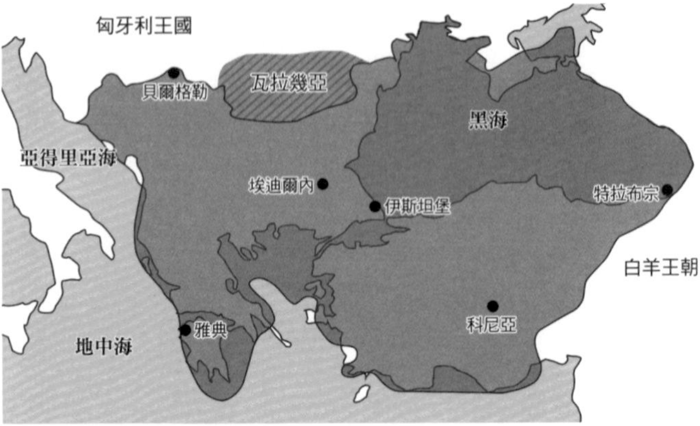

鄂圖曼帝國在安納托利亞持續擴張，就連勢力龐大的卡拉曼侯國也併吞，遠及黑海北岸的克里米亞汗國。但是穆罕默德二世卻在一四八一年的遠征途中去世。

停止擴張領土

穆罕默德二世的三個兒子當中，王子穆斯塔法（Mustafa）因病逝世，由三十三歲的巴耶濟德（II. Bayezid）和二十一歲的傑姆（Cem Sultan）爭奪蘇丹的地位。兄弟倆還特地為此協商，傑姆提議將領土平分統治，自己統領安納托利亞、巴耶濟德統領巴爾幹半島，但遭到巴耶濟德拒絕。

雙方持續爭戰，敗北的傑姆流亡到梵蒂岡，得羅馬教宗的庇護，之後被引渡到法國，在一四九五年猝逝於拿坡里王國。

傑姆的死，使巴耶濟德順理成章繼任為蘇丹。他征服了黑海西北岸的國家，讓鄂圖曼艦隊從此在黑海所向無敵。雖然後續仍與馬木路克王朝發生小規模衝突，但是並沒有擴張領土。

巴耶濟德二世之所以沒有遠征，是因為在穆罕默德二世的時代，遠征導致國庫虧空，士兵對於戰爭的不滿愈來愈大。

因此，後世也有評價認為，巴耶濟德二世身為蘇丹的領導能力低落。但是在這個時代，蘇丹的背後仍有卡普庫魯支持，並沒有發生足以撼動鄂圖曼帝國的大事；另一方面，鄂圖曼帝國的文化發展則在此時成為焦點。

鄂圖曼帝國積極引進歐洲文化。據說歐洲新文化運動的文藝復興藝術家代表米開朗基羅（Michelangelo），也曾經考慮過前往伊斯坦堡。

白羊王朝疆域拓展至巔峰的君主

烏尊哈桑

Uzun Hasan

（1423～1478）

從安納托利亞一路併吞伊朗、伊拉克

烏尊哈桑是白羊王朝的第5代君主，為初代開國君主卡拉．奧斯曼（Kara Yülük Osman）的孫子。他打敗兄長、成為君主時，王國東邊是傑漢．沙（Jahan Shah）率領突厥人建立的黑羊王朝，西邊則是鄂圖曼帝國。烏尊哈桑首先強化了與威尼斯、特拉比松、莫斯科大公國等國的外交關係，加強西邊的國防安全，接著才開始與黑羊王朝交戰。

1467年，烏尊哈桑殺死了傑漢．沙，只花了2年就消滅黑羊王朝，併吞了相當於現在亞塞拜然和伊拉克的領土。1469年，他推翻了帖木兒帝國，將領土擴張到伊朗西部，卻因為支援安納托利亞南部的卡拉曼侯國，而與鄂圖曼帝國爆發戰爭。戰敗的白羊王朝失去了在安納托利亞的霸權。烏尊哈桑死後，王朝發生繼承權之爭，白羊王朝逐漸沒落。

chapter 4

蘇萊曼大帝的時代

薩法維王朝創建

鄂圖曼帝國在東方的最大威脅帖木兒帝國，從十五世紀下半葉開始式微，到了十六世紀，取而代之的是以伊朗高原為中心的薩法維王朝。

建國者伊斯邁爾一世（I. Ismail）出身於伊朗民族，是薩法維耶教團領袖，該教團合併了當時廣受支持的什葉派流派。他深受屬於突厥語民族奇茲爾巴什（意指「紅頭」，取自信徒頭上包裹的紅色特本頭巾）的遊牧民族支持，在一五〇一年推翻安納托利亞東部的白羊王朝，建立了薩法維王朝。

在王朝創立初期，有建國貢獻的突厥軍人勢力強大，伊朗民族則是在行政等方面發揮領導能力。

繼承人之爭再啟

巴耶濟德二世的八個孩子當中，有五人早夭，順利長大成人的只有艾哈邁德（Şehzade Ahmet）、科爾庫特（Şehzade Korkut）和塞利姆（I. Selim）三人。塞利姆在黑海沿岸地區擔任帕夏（意指「地方長官」，相當於總督），與位在東方伊朗的薩法維王朝發生領土紛爭，並占有優勢。

但是，巴耶濟德二世卻責怪好戰的塞利姆。當時的他深入鑽研脫離現實的宗教世界（神祕主義），因此不希望與擁有類似傾向的薩法維王朝對立。

塞利姆對此感到不滿，便要求擔任克里米亞半島的帕夏之子蘇萊曼（I. Süleyman）進攻伊斯坦堡。這時，背負著巴耶濟德二世期望的艾哈邁德，為了支援父親而打算前往伊斯坦堡，但遭到塞利姆的部下阻撓。

蘇丹的家譜③

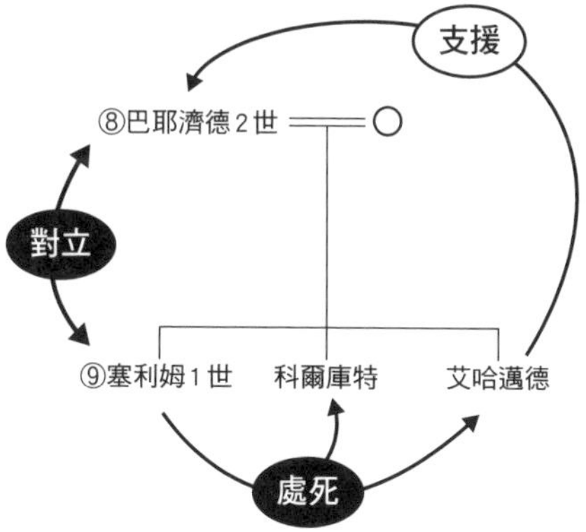

就在艾哈邁德與塞利姆持續對立之際，科爾庫特趁機進駐伊斯坦堡，然而耶尼切里全部一面倒地支持塞利姆。信心十足的塞利姆光明正大入主伊斯坦堡，罷黜巴耶濟德二世，在一五一二年以塞利姆一世之名即位。巴耶濟德在前往隱居地的途中猝死，艾哈邁德、科爾庫特和他們的孩子都一起遭到塞利姆一世處決。

在塞利姆一世的時代，伊朗的薩法維王朝和埃及的馬木路克王朝，都是鄂圖曼帝國的眼中釘。塞利姆一世在位期間，鄂圖曼帝國仍持續與這些周邊王朝爭鬥不休。

查爾迪蘭戰役

一五一四年，塞利姆一世和薩法維王朝的伊斯邁爾一世，為了爭奪領土而開戰。雙方在安納托利亞東部凡湖附近的查爾迪蘭對決。

當時的鄂圖曼軍準備了火槍和大砲等最新武器，相較之下，薩法維王朝則是以弓箭騎兵為主。最後，鄂圖曼軍以巧妙的戰術奪得勝利，但因為耐不住冬季酷寒，沒能乘勝追擊徹底消滅薩法維王朝，只將絕大部分的安納托利亞納入領土後便撤退。

薩法維王朝的伊斯邁爾一世因戰敗而備感屈辱，試圖聯合羅馬教宗、匈牙利、威尼斯、西班牙等國組成反鄂圖曼同盟，然而各國都沒有積極動作。

此外，在薩法維王朝東方的突厥斯坦，同為突厥語系民族的烏茲別克族開始蠢蠢欲動，令伊斯邁爾一世無法只專注於防衛西方邊境。

薩法維王朝南方臨阿拉伯海，北方有裏海，在十五至十六世紀，這一帶周邊不僅有鄂圖曼帝國崛起，還有其他各種民族建立起大大小小的國家。與這些王朝開戰，等同於什葉派與遜尼派之間的戰爭。什葉派勢力正是在薩法維王朝的時代，才開始在伊朗累積龐大

且深遠的影響力。

馬木路克王朝覆滅

在查爾迪蘭戰役過後，鄂圖曼帝國併吞了安納托利亞僅剩的侯國，而下一個敵人就是以埃及為中心、勢力擴及敘利亞的馬木路克王朝。馬木路克王朝在十三世紀蒙古人攻陷巴格達時，曾經保護過阿拔斯家族的哈里發。馬木路克王朝還將伊斯蘭教的聖地麥加納入統治範圍，自詡為伊斯蘭世界的中心。

西元一五一六年，鄂圖曼帝國與馬木路克王朝開戰時，也使用大砲擊破對手。一五一七年，消滅了馬木路克王朝的鄂圖曼帝國，不只是併吞了埃及，連阿拉伯半島的麥加、麥地那等地都納入版圖。塞利姆一世原本還考慮遠征薩法維王朝和羅得島，但在一五二〇年因患上黑死病而去世。

塞利姆一世在位八年間，處死了兄弟及其他親戚，還陸續肅清了眾多高官，因而有「冷酷者」（Yavuz Sultan Selim）之稱。但另一方面，他又因為擴張領土而被稱作「鄂圖曼帝國的亞歷山大大帝」，版圖甚至拓展到了埃及。

蘇丹與哈里發合一

在伊斯蘭教文化圈裡，蘇丹和哈里發都是很有威信的稱號。其中，哈里發的地位由倭瑪亞王朝和阿拔斯帝國傳承，名義上可統率所有穆斯林。

一二五八年，阿拔斯帝國遭蒙古人侵略、巴格達淪陷後，阿拔斯家族仍在馬木路克王朝的庇護下延續哈里發的稱號。

隨後，馬木路克王朝遭到鄂圖曼帝國消滅，阿拔

當時的日本

應仁之亂以後的日明貿易由有力大名掌握實權。其中，細川氏和大內氏為爭奪貿易利權而發生激烈爭鬥，1523年（大永3年），中國寧波發生大內氏燒毀細川氏商船的事件，在這場「寧波之亂」後，日明貿易便由大內氏壟斷。

斯家族將哈里發的稱號讓給塞利姆一世，以此事件為開端，蘇丹兼任哈里發的制度就此開始。然而，後來鄂圖曼帝國為了對抗南下的俄羅斯，只把這個制度視為權威的加持罷了，畢竟對當時的鄂圖曼人來說，能夠得到麥加等伊斯蘭信仰聖地的統治權，意義才更為重大。

蘇萊曼大帝登場

塞利姆一世之子蘇萊曼，由於身為獨生子，自然與歷代蘇丹殺兄弒弟的傳統無緣，在一五二〇年二十五歲時繼承蘇丹之位，為蘇萊曼一世（I. Süleyman）。鄂圖曼帝國史上最長的四十六年政權就此揭開序幕。

蘇萊曼在即位後翌年開始遠征，首要攻擊目標就是多瑙河和薩瓦河匯合處的重鎮貝爾格勒。這裡是匈牙利王國的入口，四周是肥沃的農耕地帶，占領此地就等於得到進軍多瑙河北方的立足點。

這時，歐洲有經濟實力最強大的西班牙國王卡洛斯一世（Carlos I，即神聖羅馬皇帝查理五世）、夾在德意志和西班牙之間抗衡二國的法蘭西國王法蘭索瓦一世（François I），以及企圖躋升強國之列的英格蘭國王亨利八世（Henry VIII）。其中，法蘭索瓦一世和卡洛斯一世為了奪取義大利而爭戰不休，鄂圖曼帝國也同樣捲入這樣的國際情勢之中。蘇萊曼開始產生了要成為「世界之王」的強烈認知。

蘇萊曼為了與最強的敵手卡洛斯一世交戰，先是與法蘭索瓦一世交好，與法國訂立協定（優惠特權）。這個協定承認鄂圖曼帝國內的法國商人擁有關稅自主權和治外法權。

此外，蘇萊曼還派遣軍隊攻打已成為伊斯蘭勢力在地中海的據點、位於安納托利亞半島西南部海域

的羅得島，在一五二二年占領島嶼。

失去羅得島一事對西歐人來說，意味著除了東歐以外，來自地中海的伊斯蘭勢力威脅也變大了。

後來，蘇萊曼又發起多次遠征，在各地都留下了驍勇善戰的強烈印象，因此歐洲人也稱他為「壯麗征服者」。

第一次維也納之圍

蘇萊曼在占領貝爾格勒後乘勝追擊，將目標放在更北方的匈牙利和外西凡尼亞（位於現在羅馬尼亞西部的國家）。一五二六年，蘇萊曼率領十萬大軍北上；相較之下，匈牙利王國未能獲得歐洲各國的軍援，只能單槍匹馬上陣。

結果，配備了大砲的鄂圖曼軍大勝匈牙利軍，攻陷首都布達、大肆掠奪。

之後參戰各國簽訂和約時，蘇萊曼不滿奧地利代表的傲慢態度，一氣之下隨即在

蘇萊曼一世在位時的最大版圖

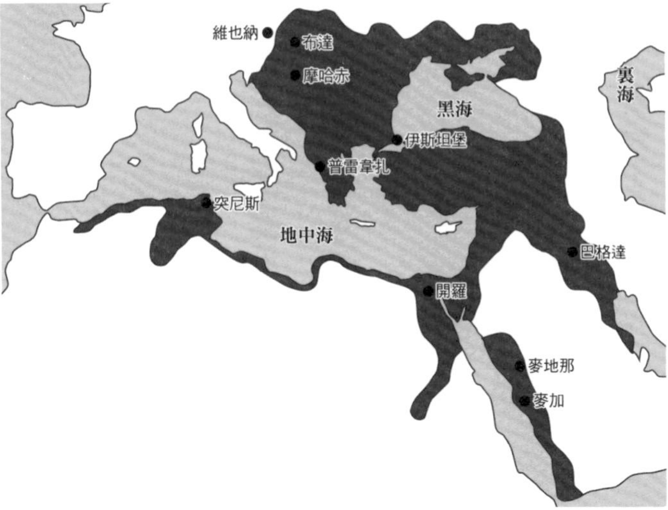

一五二九年率領十二萬兵力和大砲進軍維也納。當時的奧地利大公斐迪南（Ferdinand）是卡洛斯一世的弟弟。屬於基督教文化圈的歐洲，原先因宗教改革而引發新教徒和舊教徒衝突不斷，這一次終於警覺到鄂圖曼帝國帶來的威脅。

但是，對蘇萊曼來說，遠征維也納卻是一場重大考驗。鄂圖曼帝國軍雖以強大的軍事力量著稱，卻受到惡劣氣候阻撓，結果大軍延遲了抵達維也納的時間。

因此，維也納得以做好萬全的防

禦準備，讓鄂圖曼軍難以攻破。

蘇萊曼發起的維也納之圍前後長達三週，斐迪南早已逃離維也納，氣候也正式進入寒冬，於是鄂圖曼帝國軍只能黯然撤退。

匈牙利王位繼承問題

之後，蘇萊曼仍繼續與奧地利大公斐迪南，以及其幕後的卡洛斯一世對抗。雙方的爭鬥焦點，是位於兩國之間的匈牙利主權歸屬問題。匈牙利國王拉約什二世（II. Lajos）與鄂圖曼帝國軍交戰陣亡後，奧地利大公斐迪南要求繼承匈牙利的王位。

但匈牙利人痛恨奧地利，於是支持鄂圖曼帝國的屬國外西凡尼亞的領主扎波堯伊（Szapolyai János）當國王，匈牙利實質上成了鄂圖曼帝國的屬國。因此大為憤怒的斐迪南與蘇萊曼開戰，最終致使匈牙利南部成為鄂圖曼帝國的直轄地。

普雷韋扎海戰

十六世紀的地中海正處於海盜肆虐的時代。北非海岸西部的著名海盜巴巴羅薩·海雷丁（Barbaros Hayreddin）為了與西班牙對抗，向鄂圖曼帝國的塞利姆一世求援。塞利姆一世答應了這個請求，派遣軍隊的同時，也在一五三三年任命海雷丁為阿爾及利亞的城市阿爾及爾的帕夏。

海雷丁在阿爾及利亞周邊拓展勢力，開放海盜進入阿爾及爾的海港。

西班牙派出大軍討伐海盜，卻因為遭遇暴風雨而失利。之後，卡洛斯一世為了對抗法國而放棄討伐海盜，於是海雷丁反過來進攻西班牙各地的要塞。

蘇萊曼為了強化鄂圖曼帝國的海軍力量，便加強與海

盜的結盟，將海雷丁從阿爾及爾的帕夏，提拔為海軍的卡普丹帕夏（Kaptan Paşa，鄂圖曼帝國海軍總司令）兼北非的貝勒貝伊（Beylerbeyi，意為「長官的長官」，指代重要省分的總督）。

之後，西班牙提督領導的艦隊仍繼續與海雷丁的海盜軍交戰，但雙方都未能取得決定性的勝利。

肆虐地中海沿岸基督教徒據點的鄂圖曼艦隊，一五三八年在普雷韋扎與歐洲艦隊開戰（普雷韋扎海戰）。此時，海雷丁已任命為鄂圖曼帝國的海軍元帥。雖然這場戰爭最後不了了之，不過因為歐洲各國聯軍並沒有打敗鄂圖曼艦隊，於是鄂圖曼帝國最終在地中海取得了決定性的優勢。

大維齊爾易卜拉欣帕夏

另外，還有一位支撐蘇萊曼大帝時代的大功臣，名叫易卜拉欣帕夏（Pargalı

ibrahim Paşa）。他是義大利水手的兒子，曾經被海盜俘虜賣掉的他深受蘇萊曼喜愛，得以一路晉升至政權中樞，甚至擔任大維齊爾。他為了穩定以前由塞利姆一世占領的埃及情勢而鞠躬盡粹，在遠征匈牙利和維也納之圍時也大顯身手。

易卜拉欣帕夏鎮壓了安納托利亞半島薩法維王朝陣營的國家，還將領土擴張到伊拉克方面。但是與薩法維王朝對決時，他雖然運用了大砲戰術，卻敵不過遊牧民族的機動力，結果未有斬獲。

易卜拉欣帕夏的活躍，可以說為鄂圖曼帝國的政治情勢帶來很大的變化。例如塞利姆一世總是用獨斷的手法施政，但蘇萊曼卻很重視易卜拉欣帕夏這些菁英的意見。可見自鄂圖曼帝國創建以來，「唯有突厥人出身的有力人士才能成功」的體制正在逐漸改變。

然而在一五三六年，蘇萊曼卻突然下令處死易卜拉欣帕夏。原因不詳，推測可能是他的言行舉止招忌的緣故。蘇萊曼時代的前半期隨著易卜拉欣帕夏的死而結束，從此以後，蘇萊曼再也沒有積極實施外交政策。

※編註：「帕夏」（paşa）為鄂圖曼帝國行政體系的高級官員頭銜，相當於總督或將軍。帕夏並非世襲頭銜，會賦予特定階級以上的軍階或高官，稱呼上會緊隨在人名之後，而在英語翻譯時一般會納入人名之內，如本節介紹的「易卜拉欣帕夏」。

誰能繼承立法者？

蘇萊曼又有「立法者」（Kanuni Sultan Süleyman）之稱。他確實改革了法律體系，明確區分蘇丹頒布的一般大眾通用的法律，和以古蘭經為根據的伊斯蘭教基本法（沙里亞法）。

換言之，他將所有鄂圖曼帝國的慣例和制度，都修改成能夠符合伊斯蘭教基本法的解釋，向伊斯蘭教世界展現鄂圖曼帝國是個正統的伊斯蘭教國家。

同時，蘇萊曼也整頓了政治制度，蘇丹得以嚴厲控管各省份和官僚、統治農民和軍人，確立了穩定經營國家所需的體制。

蘇丹的家譜 ④

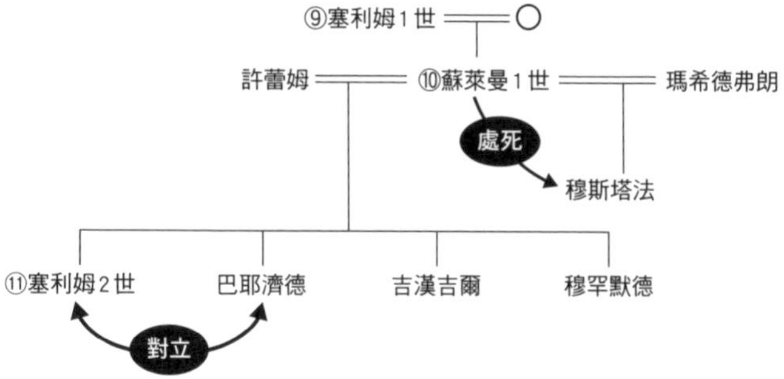

在蘇萊曼治世的後半期，發生了繼承權問題。繼承人選共有五人，分別是蘇萊曼的第一夫人瑪希德弗朗（Mahidevran）的兒子穆斯塔法（Şehzade Mustafa），第二夫人許蕾姆（Hürrem）的兒子穆罕默德（Şehzade Mehmed）、塞利姆（II. Selim）、巴耶濟德（Şehzade Bayezid）、吉漢吉爾（Şehzade Cihangir）。

這五人當中，蘇萊曼最中意的是長子穆罕默德，但他後來病逝了。這時，耶尼切里軍團開始擁護能力出眾、在軍隊中聲望很高的穆斯塔法。蘇萊曼對此感到不滿，便處死了穆斯塔法。吉漢吉爾因為此事飽受驚嚇，隨後也死去，只剩下塞利姆和巴耶濟德爭奪王位。

順帶一提，蘇萊曼的女兒米赫麗瑪（Mihrimah）和軍人魯斯坦（Rüstem）結婚。魯斯坦雖是軍隊出身，卻精通理財，後來成功重建鄂圖曼帝國因戰爭而貧乏的國家財政。

兄弟對峙的終局

巴耶濟德和塞利姆的對立也牽扯到身邊近臣的計謀，因而愈演愈烈。當時的蘇萊曼病情惡化，行動也變得不自由。許蕾姆曾居中調解父子紛爭，但她卻在一五五八年去世。蘇萊曼不得不將兩名兒子都派往遠方，避免兄弟對立。

然而，巴耶濟德的派駐地阿馬西亞（安納托利亞東部的軍事據點），原本是被處死的穆斯塔法的赴任地，於是反抗蘇萊曼的勢力開始集結在巴耶濟德麾下。

蘇萊曼得知此消息後決定出兵討伐巴耶濟德，便將軍隊交給塞利姆，命令由他率領軍隊作戰。結果塞利姆贏得勝利，也就此確立他成為繼承人的事實。

操控塞利姆二世的維齊爾

蘇萊曼為了向歐洲誇耀鄂圖曼帝國的勢力，於一五六六年率軍遠征，但卻在途中猝逝。為了避免他的死引發混亂，索庫魯．穆罕默德（Sokollu Mehmed）立刻讓塞利姆二世即位。

索庫魯過去曾在塞利姆的派駐地屈塔希亞（安納托利亞西部城市），擔任收集情報和守衛的職務。後來他加入蘇萊曼臨終前的遠征，隱瞞蘇萊曼在行軍途中身亡的消息，贏得戰爭後凱旋返回伊斯坦堡。他預先防範蘇萊曼的死訊動搖軍心，之後也在塞利姆二世的麾下以維齊爾身分大為活躍。

在此之前，鄂圖曼帝國的一般傳統是蘇丹繼承者

當時的日本

企圖掌控畿內的織田信長，在1570年（元龜元年）進軍朝倉氏的領國越前，但因為妹夫淺井長政叛變而被迫撤退。2個月後，信長與德川家康聯軍在近江的姊川河原，與朝倉淺井軍開戰。這場「姊川之戰」最後由織田德川軍取勝。

會培育自己的家臣團，並在自己即位的同時讓他們就任要職。但是帝國發展到這個時期，中央官僚機構已經變得非常龐大，凡事未必都能按照蘇丹的意願執行。因此，索庫魯便操控塞利姆二世，不斷提升自己的權力。

塞利姆二世是個平庸之人，從來不曾主動參與遠征，而是在伊斯坦堡的宮殿和埃迪爾內的宮殿安祥度日。

埃迪爾內是軍事兼經濟重鎮，自然資源也十分豐富，所以塞利姆一直在那裡悠閒打獵、過著安樂舒適的生活。他把最高權力交給了索庫魯，接受所有由索庫魯培育的臣下提出的建議。

但是，塞利姆在一五七一年不顧索庫魯的反對，強行攻打威尼斯共和國所屬的賽普勒斯島，成攻奪占了島嶼，確保伊斯坦堡與埃及之間的交通安全。

運河開鑿計畫

在蘇萊曼死後，索庫魯計劃開鑿蘇伊士運河，和另一條運河來連接流入亞速海的頓河與流入裏海的窩瓦河（通稱窩瓦－頓河運河計畫）。連結蘇伊士運河的目的是從地中海通往印度洋，然而遭遇技術方面的問題，最終仍宣告失敗。

連結頓河和窩瓦河，是為了方便調派海軍攻打伊朗的薩法維王朝，以及拓展與俄羅斯的貿易。這個動向也等於宣示了鄂圖曼帝國企圖繼續向外擴張的氣魄。

勒潘陀海戰

西元一五七一年八月，鄂圖曼帝國從威尼斯共和國手中奪走賽普勒斯島。威尼斯為了

搶回這座島嶼，和梵諦岡的羅馬教宗、西班牙王國締結「神聖同盟」。同盟艦隊獲悉鄂圖曼帝國的艦隊停泊在勒潘陀港的情報後，便開始動身進軍。

鄂圖曼帝國也組織艦隊，雙方在一五七一年十月於伯羅奔尼撒半島北岸的勒潘陀開戰（史稱勒潘陀海戰）。在天主教各國的聯合艦隊指揮官奧地利的唐胡安（Don Juan de Austria）巧妙的戰術下，鄂圖曼艦隊幾乎全軍覆沒。

索庫魯·穆罕默德重組艦隊，翌年派出更大規模的艦隊前往地中海。神聖同盟在贏得勒潘陀海戰以後便亂了陣腳，結果未能徹底消滅鄂圖曼帝國的艦隊。

一五七三年，鄂圖曼帝國和威尼斯簽訂和約，威尼斯答應割讓賽普勒斯島。鄂圖曼艦隊繼續前進北非，企圖奪回遭西班牙占領、位於現在突尼西亞的據點突尼斯。

索庫魯之死

一五七四年，塞利姆二世去世，其子穆拉德三世（Ⅲ. Murad）即位。索庫魯連續服侍了三代蘇丹。他始終思考著如何維持和平，避免巴爾幹半島和安納托利亞的國境一帶發生戰爭；但是，軍人批判這種政策的聲浪卻愈來愈高漲。

鄂圖曼帝國和薩法維王朝在高加索地區一直處於對立。一五七八年，鄂圖曼帝國開始進軍高加索，而反對出兵的索庫魯在一五七九年因私人恩怨遇刺身亡。相傳是穆拉德三世在背後指使這場暗殺陰謀。

索庫魯死後，鄂圖曼帝國的內政一片混亂，在軍隊缺乏精準的指揮、補給又不順利的狀態下持續戰爭十年以上。最終連薩法維王朝內部也出現混亂，於是雙方簽訂和議。之後，薩法維王朝又重整架勢反擊，成功收復過往的領土。薩法維王朝在阿拔斯一世（I. Abbas）的任期內迎向了全盛時期。

鄂圖曼帝國與薩法維王朝交戰不休的同時，也與西方的哈布斯堡家族對峙。當鄂圖曼帝國處於劣勢時，外凡尼西亞等屬國便加入支援，令戰事持續膠著在一進一退的攻防中。然而這也是因為鄂圖曼帝國的軍事力量逐漸衰退，所以始終無法取得決定性的勝利。

鄂圖曼帝國傳奇的大建築師

米馬爾・希南

Mimar Sinan

（1490～1587）

創建眾多土耳其清真寺的偉大建築家

希南從少年時代開始，就一直以木匠的身分工作到長大。他在22歲時加入鄂圖曼帝國的耶尼切里軍團，服役期間，他駐紮在巴格達、大馬士革、埃及等帝國領內各地，處理軍務的同時，也參觀各種古代遺跡、學習其中的建築方法。

希南成為風評良好的軍事技術員後，在大約50歲時被蘇萊曼一世任命為營建局長。他以公共建築為主、開始參與許多建築的建設工程。他畢生建造的建築，總共有84座大清真寺、51座小清真寺、42所公共浴場、7座水道橋、22座陸墓、57所宗教學校等等。代表作為伊斯坦堡的蘇萊曼清真寺。這裡的特色是細長的叫拜樓和高大的圓頂，計劃、設計、施工總共花費了十年歲月。希南經手的建築數量與美麗程度，足以稱為鄂圖曼帝國最傑出的建築師。

chapter 5

鄂圖曼帝國的全盛期

我才是「鄂圖曼人」！

西歐各國從十六世紀發起宗教改革。主張教宗和教會正統性的舊教（天主教）陣營，和重視以聖經為本的個人信仰的新教陣營對立，陸續引發內亂和爭鬥。

這場混亂一直延續到十七世紀，以法國為中心的國家，逐漸形成國王可絕對指揮官僚和軍隊的專制體制（君主專政）。

鄂圖曼帝國對外持續戰爭，國內的政治和社會也開始發生了變化。位於伊朗高原的薩法維王朝，在阿拔斯一世的時代來到全盛時期，因高加索和亞塞拜然問題而繼續與鄂圖曼帝國對立。

在歐洲方面，鄂圖曼仍繼續與奧地利交戰，但奧地利內部因為十七世紀初發生宗教混亂，便暫時與鄂圖曼停戰。從此以後，鄂圖曼帝國與奧地利維持了約半個世紀的穩定關係；但是與薩法維王朝的對立仍持續延燒，甚至需要出兵遠征伊拉克，導致鄂圖曼國內財政吃緊。

在蘇萊曼去世後，蘇丹的權力逐漸式微，反而是自認為「鄂圖曼人」的軍人、烏理瑪（伊斯蘭教學者）、書記官等階層的發言聲量愈來愈具號召力。

以前，這些人才都是從國外召集而來的，由於他們在鄂圖曼帝國的地位已經穩定，再也不需要仰賴國外，就能夠透過軍人、烏理瑪等官僚子弟和相關人士補足人力。這些鄂圖曼人各自鞏固政治勢力，導致蘇丹的發言權日漸薄弱。

徵稅體制的崩解與再組

十四世紀左右開始，鄂圖曼帝國有正規軍隊耶尼切里，可是一旦發生大規模戰爭，光靠他們根本無法應付，必須徵召非正規的軍人（西帕希）。他們是外地的軍人，其中有些人還擁有蘇丹許可的蒂馬爾（徵稅權）。

隨著戰爭長期化、開始採用火器的新戰術以後，軍事支出大幅增加。因此，政府開始推廣包稅制，以取代蒂馬爾制。包稅制是有力的政治家和軍人買下特定地區的徵稅權，在該地徵收的部分稅金繳納給政府，剩下的就可以收為己有。

政府推廣這個制度的同時，也剝奪地方士兵的徵稅權。失去收入的士兵雖然可以被錄用為非正規的軍人，但是在戰爭結束後就會遭到解雇。而火器戰術日漸普及，徵兵的需求也愈來愈少。失業的士兵沒有收入，於是有些人開始用戰場帶回來的火槍，在安納托利亞各地強盜掠奪。這些掠奪行為導致村莊小鎮消滅後，靠著徵稅權過活的地區軍人也跟著沒落，最後也加入了強盜掠奪的行列。

因此，鄂圖曼帝國便將帶頭掠奪的人任命為巴爾幹半島的地方軍政官。但是，安納托利亞仍有很多得不到任何好處、失去蒂馬爾特權的士兵，以及對政府不滿的農民，所以暴動依然持續不斷。

貪心的包稅人

實行蒂馬爾制時，政府的收入只有從領地徵得的稅金和礦山的收益，但自從導入包稅制後，收入便大幅增加了。然而包稅人為了增加自己收入，卻開始過度徵稅。

到了十七世紀，包稅制變成了終身制度，於是包稅人得以在各地長年徵收稅金。稅金的名目也增加，包稅人在各項稅收的權利也獲得政府認可。

於是，地方的名士和中央派來的帕夏都擁有這些權利，因而逐漸建立起地方望族勢力。他們會雇用傭兵參與戰爭。

後宮權勢如日中天

第十二代蘇丹穆拉德三世，在十六世紀下半葉強化了自己居住的後宮（Harem）的權力。他設置了

當時的日本

德川氏與豐臣氏的最後決戰「大坂之陣」，從1614年（慶長19年）延續到翌年。豐臣秀吉的兒子秀賴，和母親淀殿一同在大坂城內自盡，豐臣氏滅亡。見證太平之世到來的德川家康，於1616年（元和2年）73歲時便與世長辭。

統籌整個後宮的黑人宦官長，並賜予蘇丹的母親「皇太后」（Valide）的稱號。

大維齊爾在請求蘇丹的同意以前，勢必得先取得宦官長的許可。由於宦官長的權威提高，後宮逐漸形成以宦官長為中心的權力機構。

結果，帝國內的大維齊爾、帕夏、耶尼切里等非穆斯林組成的勢力，以及掌管伊斯蘭基本法的烏里瑪等勢力（稱作學會，ilmiye）各自對立。儘管鄂圖曼帝國是以蘇丹為首的集權體制，但帝國仍是依靠扶持勢力彼此對立、協調來運作。

後宮的勢力鞏固了，而在蘇萊曼以後的好幾任蘇丹都是沒有政治實權的平庸之人。一六一八年即位的奧斯曼二世（Ⅱ. Osman），曾為了復興蘇

丹的權威而遠征波蘭，但這場征服卻以失敗告終。就在奧斯曼二世準備啟程前往麥加巡禮時，遭到一群不信任他的耶尼切里暗殺，不幸身亡。

蘇丹繼承傳統的轉折

鄂圖曼帝國為了避免兄弟爭奪蘇丹寶座而對立，一直有「殺兄弒弟」的傳統。但穆拉德三世為這個傳統製造了轉機。

穆拉德三世有五個弟弟，每個人都處死了。他膝下有王子穆罕默德三世（Ⅲ. Mehmed）及其他十九個兒子，穆罕默德三世在即位之際，也按慣例處死所有弟弟。據說從後宮運出的棺木，多到令人潸然淚下。

穆罕默德三世為了擴大哈里發的權威，不斷對外遠征，但此時伊斯坦堡發生了耶尼切里和常備騎兵的軍事衝突。穆罕默德三世認為是自己的長子馬哈茂德（Şehzade Mahmud）策劃這場衝突，便處死馬哈茂德及其母親和僕人。此事件背後

蘇丹的家譜 ⑤

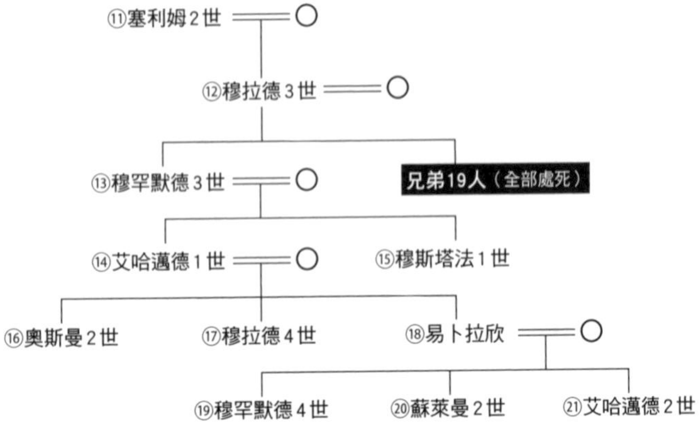

可能牽涉到大維齊爾和烏理瑪的對立。

穆罕默德三世病逝時，留下艾哈邁德（I. Ahmed）和穆斯塔法（I. Mustafa）兩個兒子。一六〇三年，哥哥艾哈邁德一世即位，當時他還沒有子嗣，所以穆斯塔法並沒有遭到處死。

艾哈邁德一世去世後，他膝下有三名王子。此時的穆斯塔法因為有精神疾病而沒有被殺，從此以後，基本上再也沒有殺兄弒弟的傳統。

但是，為了防止幾位活著的王子接觸境外勢力、產生野心，他們不得任意行動，只能終生幽禁在後宮裡。

三名王子

從十七世紀上半葉到中葉的穆拉德四世（IV. Murad）時代，鄂圖曼帝國藉由與薩法維王朝開戰，成功收復了部分領土。但是，穆拉德四世為了集中權力而陸續處死側近，導致宮庭內有人對他產生反感。

穆拉德四世病死後，繼任的易卜拉欣（İbrahim）精神狀況很不穩定，無法履行蘇丹的職責。然而為了延續奧斯曼家族的血脈，他依然擔任八年的蘇丹，生下三名王子，最後遭到眾高官罷黜、殺害。

隨後由穆罕默德四世（IV. Mehmed）繼承蘇丹之位，但他即位時年僅六歲，毫無執政能力。與此同時，後宮內部還有穆罕默德四世的祖母柯塞姆（Kösem）、母親杜亨（Turhan），以及弟弟蘇萊曼的母親等多方勢力對峙。

同一時期，鄂圖曼帝國出兵攻打克里特島，威尼斯封鎖了達達尼爾海峽作為反擊。人民擔心伊斯坦堡可能會淪陷，導致國內人心惶惶。

帝國版圖拓展至顛峰！

就在這場危機之中，科普魯律．穆罕默德帕夏（Köprülü Mehmed Paşa）大顯身手。他以八十歲高齡就任為大維齊爾，憑藉激烈的性情和頑強的姿態解決了困境，為帝國帶來安定。

之後，科普魯律家族便開始領導鄂圖曼帝國的朝政。政府徹底肅清了伊斯坦堡市內造成居民恐慌的組織與政府的敵對勢力，也打贏了與威尼斯的戰爭，並且還鎮壓各地的反抗勢力，最終讓國內恢復安寧。

科普魯律的兒子法佐．艾哈邁德（Köprülü Fazıl Ahmed Paşa）也是一名傑出人物，他與奧地利協商、取得了克里特島，成功擴張領土。在鄂圖曼與俄羅斯針對烏克蘭問題簽訂條約的一六八一年、穆罕默德四世就任蘇丹的時期，帝國領土範圍達到史上最大。

鄂圖曼帝國領土的擴張

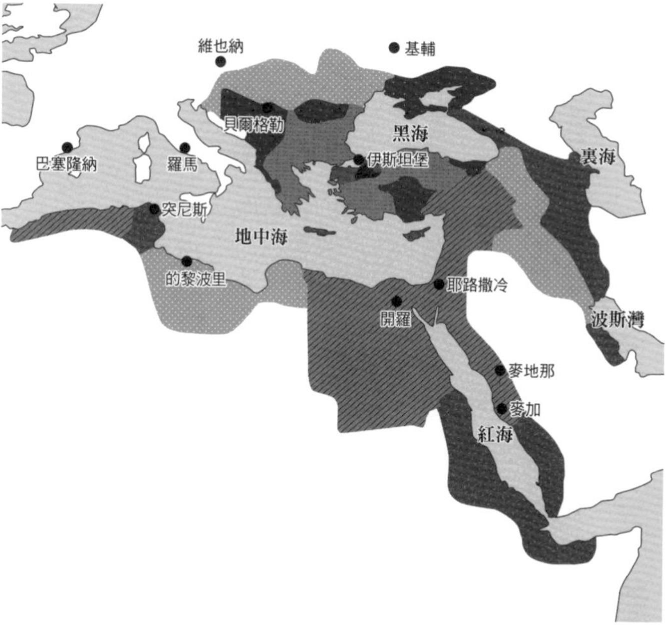

- 1300年左右的領土
- 1300～1359年取得：奧斯曼1世、奧爾汗的治世
- 1359～1451年取得：奧爾汗～穆拉德2世的治世
- 1451～1481年取得：穆拉德2世～穆罕默德2世的治世
- 1512～1520年取得：塞利姆1世的治世
- 1520～1566年取得：蘇萊曼1世的治世
- 1566～1683年取得：塞利姆2世～穆罕默德4世的治世

第二次維也納之圍

法佐・艾哈邁德去世後，由科普魯律家族的卡拉・穆斯塔法帕夏（Merzifonlu Kara Mustafa Paşa）出任大維齊爾。他為了更進一步擴張鄂圖曼帝國的領土，在一六八三年決定繼蘇萊曼大帝之後，再度出兵歐陸，包圍維也納（史稱第二次維也納之圍）。

起初鄂圖曼軍占有優勢，攻陷維也納的城牆，但是後來卻慘敗給趕來支援奧地利的波蘭軍。從此以後，鄂圖曼帝國再也不主動挑起戰爭，只發起守衛帝國的戰爭。

鄂圖曼帝國包圍維也納失敗後，奧地利、波蘭、

當時的日本

江戶幕府第5代將軍德川綱吉頒布的《生類憐憫令》，確切頒布時間有諸多說法，其中最有力的主張是在1685年（貞享2年）7月。起初內容只是「允許貓狗在將軍行經之路任意活動」，但逐漸變質為判處違法者死刑的極端動物保護令。

威尼斯、俄羅斯締結了「神聖同盟」，開啟了鄂圖曼帝國與神聖同盟長達十六年的戰爭。在這個過程中，奧地利奪回匈牙利的布達和貝爾格勒，威尼斯則奪得伯羅奔尼撒半島。

西元一六九九年，鄂圖曼帝國與神聖同盟雙方簽訂《卡洛維茨條約》。這份條約正式終結了鄂圖曼帝國對匈牙利的統治，而外西凡尼亞（現在的羅馬尼亞）歸奧地利統治；至於巴爾幹半島西部克羅埃西亞地區的亞得里亞海沿岸，則由威尼斯和奧地利共同治理。

在這場戰爭爆發的期間，穆罕默德四世都居留在埃迪爾內，未曾親上前線，直接引發伊斯坦堡市民的不滿。原因是宮廷不會在市內購買供應後宮的消耗品，導致伊斯坦堡經濟蕭條。伊斯坦堡市民和耶尼切里便聯合起來對穆罕默德四世施壓，最終逼迫其退位。

之後，穆罕默德四世被幽禁在托普卡匹皇宮，在此結束了一生。而後來即位的蘇丹仍繼續住在埃迪爾內。

過度膨脹的軍團

戰爭持續延燒的十七世紀，鄂圖曼帝國的常備軍耶尼切里開始出現變化。耶尼切里的主要成員，原本是透過德夫希爾梅制召集而來的非穆斯林青年，可是到了這個時期，出身自耶尼切里者可以安排族中子弟加入軍團；不僅如此，就連沒接受正規軍事訓練的農民也都能加入軍團，人人都可參軍。耶尼切里的人數在十六世紀初來到八千多人，在蘇萊曼大帝的時代也有一萬數千多人，到了十七世紀甚至膨脹至四萬七千人之多。

成為耶尼切里擁有很多特權，因此就連穆斯林也開始加入耶尼切里的行列。耶尼切里原本都住在軍團的兵舍裡，但漸漸開始有些人搬到鎮上獨立生活；他們獲准兼職副業，成為都市裡同業公會的一員、從事各種職業。

此外，甚至還有耶尼切里成為包稅人。在十八世紀有不少人頂著耶尼切里的頭銜，脫離兵役在各地方上建立勢力。

蘇丹回歸伊斯坦堡

第二次維也納之圍失敗，為鄂圖曼帝國的軍事擴張蒙上陰影。戰爭勢必需要增加稅收，都市居民自然希望能迴避戰事，也有很多人開始正視高官貪污的問題。

一七〇三年，預定派駐格魯吉亞（喬治亞）的士兵，因為沒拿到酬勞而發起暴動。耶尼切里、烏理瑪、都市的資產階級也都紛紛響應，要求當時的蘇丹穆斯塔法二世（II. Mustafa），和地位最高的烏理瑪費祖拉（Feyzullah Efendi）退位。穆斯塔法二世回應人民的要求，主動退位。

這場暴動起因於權力人士貪污引發的民怨，所以團結合作的叛亂勢力在目的達成後，便各自回歸自己的生活。

另一方面，繼任的蘇丹艾哈邁德三世（III. Ahmed）原本住在埃迪爾內，不過他後來接受伊斯坦堡商人的建議，毀掉埃迪爾內尚未建設完成的皇宮，回到伊斯坦堡。大維齊爾易卜拉欣帕夏（Nevşehirli Damat İbrahim Paşa）得知後，便舉行了歡迎蘇丹回歸伊斯坦堡的慶祝儀式，重新開發新都市。這些建設工程帶來的經濟效益，讓經濟和社會都十分穩定。

十八世紀上半葉，以蘇丹為首、高級官員和大商人等人民也開始有了娛樂生活。人們在景色優美的地方建造別墅，經常在那裡舉辦宴會享樂。

這時，鄂圖曼和法國宮廷的交流相當興盛，積極引進法國典雅的文化。鬱金香是原產於中亞、經過中東帶到歐洲栽種的花朵，卻又因此重新進口至鄂圖曼。

鬱金香也深受鄂圖曼帝國的平民喜愛，它象徵了鄂圖曼帝國的繁榮期，所以這個時代又稱作「鬱金香時期」。順便一提，據說鬱金香的學名Tulipa，意思就是「土耳其的頭巾」。

引進西歐文化

十八世紀初，俄羅斯皇帝彼得一世（Пётр Алексе́евич Романов）企圖進軍波羅的海，而與瑞典開戰（史稱大北方戰爭）。這時，戰敗的瑞典國王卡爾十二世（Karl XII）流亡到鄂圖曼帝國。鄂圖曼帝國派軍支援瑞典，擊敗了彼得一世並成功收復亞速海的領土。接著鄂圖曼又與奧地利交戰，但陷入苦戰，最後於一七一八年簽訂《帕薩羅維茨條約》，割讓了塞爾維亞北部。

之後，鄂圖曼帝國開始積極引進西歐的藝術和學識。政府派遣使節拜訪奧地利、俄羅斯、波蘭，以及法國、瑞典、普魯士等國。這個向歐洲各國虛心請教實用知識的姿態，大幅改變了過去君臨伊斯蘭世界頂點的鄂圖曼帝國的立場。

一七三〇年，鄂圖曼為了遠征伊朗而集結的軍隊，因為不願意出兵而發起暴動。他們也非常不滿當時的大維齊爾內夫謝希爾勒（Nevşehirli Damat Ibrahim Pasha）長期執政，最後叛亂軍處死了內夫謝希爾勒、罷黜蘇丹。從此以後，大維齊爾便開始頻繁輪替。

對外戰爭，對內繁榮

十八世紀，伊朗的政權從薩法維王朝轉移到阿夫沙爾王朝，但依然繼續與鄂圖曼帝國對立。鄂圖曼帝國不只是與奧地利，也與俄羅斯對立，這是因為到了十八世紀下半葉，俄羅斯女皇葉卡捷琳娜二世（Екатерина Алексеевна）開始積極進軍黑海方面的緣故。

鄂圖曼帝國政府學習歐洲各國實行的外交技巧，而且並不是靠一己之力對抗，也利用了普魯士等強國的力量。結果，鄂圖曼帝國在一七三九年簽訂了《貝爾格勒和約》，成功收復以前失去的塞爾維亞統治權。

另一方面，鄂圖曼帝國國內的活版印刷也相當盛行，開始大量印刷字典、地理書籍、歷史書籍。印刷品的增加，也促使伊斯坦堡等城市開始興建圖書館。此外，建築方面受到巴洛克風格的影響，衍生出鄂圖曼巴洛克風格的樣式，還建設了著名的清真寺。

國家繁榮發展的背後，必定伴隨經濟上的富庶。這個時代的鄂圖曼帝國會出口棉花和咖啡豆到歐洲，從印度進口織品和香料等奢侈品，以官員和商人等有錢人為中心，城市裡的居民都能過著富足的生活。

改革的動向

在一七六二年即位的俄羅斯女皇葉卡捷琳娜二世，因為波蘭問題而與奧地利、普魯士對立，並且為了將領土擴張到黑海方面，也將矛尖指向了鄂圖曼帝國。到了十八世紀後半，鄂圖曼帝國與俄羅斯開戰。俄羅斯為了牽制鄂圖曼帝國介入波蘭的王位繼承問題，從黑海西岸進軍到多瑙河。鄂圖曼帝國挺身反抗，於是雙方在一七六八年開戰（俄土戰爭）。

鄂圖曼軍兵力有十～一五萬，俄羅斯軍有四萬，任誰都會以為鄂圖曼軍占有優勢。但是，這個時候的鄂圖曼軍是由非正規的士兵組成，缺乏軍事訓練；再加上俄軍夜襲成功，導致鄂圖曼帝國大敗。鄂圖曼帝國在各地的軍事據點遭到占領，物資運輸變得困難重重，只好在一七七四年和俄羅斯簽訂了《庫楚克開納吉和約》。這份條約除了規定鄂圖曼帝國須支付龐大的賠款以外，還要割讓亞速海與黑海北岸的土地，並且讓鄂圖曼帝國的附庸國克里米亞汗國獨立。

西元一七八三年，俄羅斯併吞克里米亞汗國；一七八七年，鄂圖曼帝國與俄羅斯、奧地利開戰。

在戰爭期間的一七八九年，塞利姆三世（Ⅲ. Selim）即位成為蘇丹。這一年法國大革命席捲歐陸，奧地利和俄羅斯兩國無法忽視法國大革命的動向，因此提議與鄂圖曼帝國和談，雙方在一七九二年簽訂《雅西和約》。根據和約，鄂圖曼帝國承認俄羅斯對克里米亞汗國的主權，同時也界定鄂圖曼帝國與俄羅斯在黑海周邊的國界是以聶斯特河為邊界。

1800年左右的鄂圖曼帝國領土

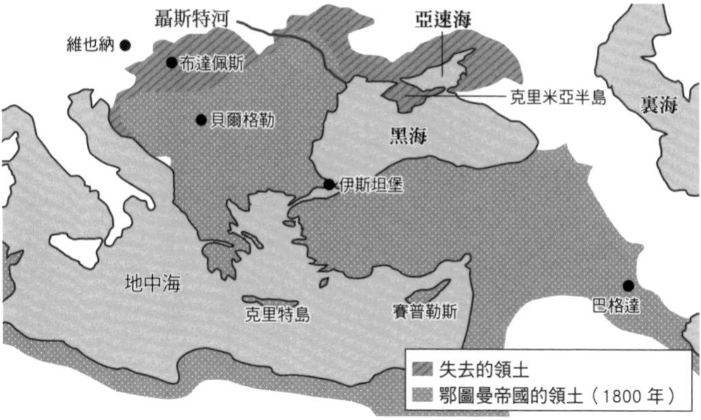

於是，戰敗的鄂圖曼帝國開始推行改革。

塞利姆三世在即位為蘇丹前，便曾以王子身分與法國國王路易十六（Louis XVI）通信，藉此學習法國的政治，期望應用於復興鄂圖曼帝國。

這也是因為歐洲各國的政治、財政、軍事相輔相成，建立了運作順暢的體制，所以塞利姆三世才會想要效仿。

祕密專欄

土耳其的料理

日本人也熟悉的土耳其料理

土耳其料理和法國料理、中國料理並列為世界三大菜系。

所謂的土耳其料理，是以突厥人的發源地中亞的當地料理為基礎，融合了巴爾幹半島、地中海、阿拉伯、北非等廣泛地域當地的民族料理。在土耳其境內，可以取得非常豐富的食材，不僅新鮮的蔬菜水果和穀物的獲取來源方便，羊肉和雞肉也十分便宜。

而海鮮可以在地中海、黑海、愛琴海這三座海中捕撈。土耳其在如此豐富的飲食文化和自然條件下，從皇帝吃的宮廷佳餚、到三明治之類的大眾美食，逐漸發展出各式各樣的料理。

最著名的土耳其料理就是卡巴烤肉。這道菜是把香料醃過的羊肉和蔬菜串起來燒烤，在日本最有名的是旋轉烤肉，用旋轉的方式燒烤大肉塊，然後將烤好的肉削成

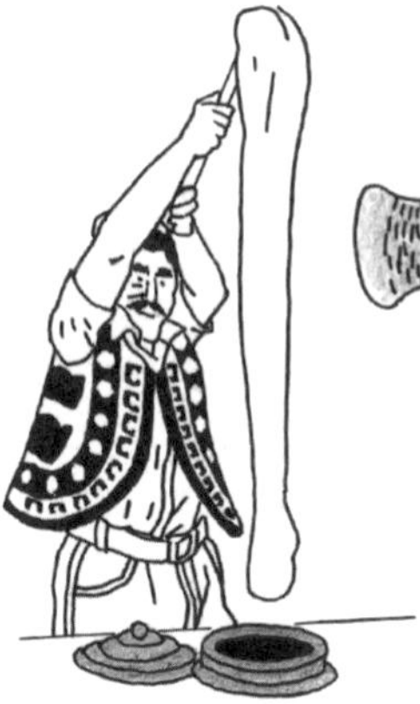

土耳其冰淇淋

土耳其咖啡

卡巴烤肉

片、夾進麵包裡食用。

土耳其的甜點種類也相當多，當中最知名的莫過於土耳其冰淇淋。土耳其人會加入用蘭科植物的塊根磨成的蘭莖粉，因此可以拉得很長，這一點也是土耳其冰淇淋最為人熟悉的特色。

土耳其人也喜愛喝咖啡，據說全世界第一家咖啡店正是開在伊斯坦堡。土耳其傳統的咖啡沖煮方法非常獨特，是將咖啡粉加入熱水裡一同煮沸後，再倒進杯子裡啜飲。一般喝法是等咖啡粉沉澱到杯底，只喝上面澄清的咖啡液。順帶一提，土耳其的傳統咖啡，甚至還登錄為聯合國教科文組織世界無形文化遺產。

足跡遍及歐亞非的大旅行家

愛維亞・瑟勒比

Evliya Çelebi

（1611～1688）

龐大著作記錄帝國各地的風土民情

愛維亞・瑟勒比的父親是在伊斯坦堡宮廷任職的金工匠，母親則是被獻給穆罕默德一世的女奴。瑟勒比自幼就在宮廷內受教育，之後逐漸對外面的世界產生興趣。他在1640年第一次前往布爾薩旅行，由此受到啟蒙，往後便利用加入地方遠征隊的機會，隨著隊伍造訪鄂圖曼帝國統治下的各地疆域。

後來，他也走訪了波斯、奧地利、瑞典、荷蘭等地，每次旅行都會寫下遊記。1671年，他結束麥加巡禮後留在埃及，從當地出發去蘇丹、衣索比亞旅行，整整在埃及居留大約十年，寫下了全十卷的遊記。他不斷旅行將近半個世紀，畢生的時間都花在將各地歷史和人群對話彙整於遊記內。雖然他的遊記為了吸引讀者的興趣，難免有誇大之嫌，但卻是了解17世紀世界各地風土民情的重要資料。

chapter 6

帝國最後的嘗試

新體制VS舊體制

鄂圖曼帝國結束一系列與俄羅斯的戰爭後，塞利姆三世立刻著手改革。塞利姆三世不只要求眾高官提出改革意見書，還在外國設置大使館，透過派駐各國的大使收集情報。

一七九三年，鄂圖曼帝國創建了實行歐洲式軍事訓練的軍團「尼扎姆－塞迪德」（Nizâm-ı Cedîd）。尼扎姆－塞迪德的意思就是「新體制」，制服和武器通通現代化，主要士兵為安納托利亞的農民。

這支軍團為了切斷英國和印度的通商路線，而與遠征埃及的拿破崙軍交戰，最後在敘利亞的阿克里攻防戰中取勝。於是，塞利姆三世對尼扎姆－塞迪德的期望愈來愈大。

然而，尼扎姆－塞迪德卻與過去的鄂圖曼帝國軍的中樞耶尼切里對立。在這個時代，耶尼切里與其說是軍人，反而比較類似都市裡的豪族階層。

一八〇六年，這場對立進一步升級成為暴動，批判塞利姆三世改革政策的官僚紛紛出面反抗。認知到改革困難重重的塞利姆三世，不得不下令解散尼扎姆－塞迪德。結果，他所實行的諸多政策都以失敗收場。不過，至少他讓鄂圖曼帝國的人民意識到鄂圖曼帝國的「改革」勢在必行。

穆罕默德常勝軍的發跡

儘管鄂圖曼帝國廢除尼扎姆－塞迪德，但仍需要足以取代耶尼切里的新軍隊。為了編制強大的軍隊，當然就需要軍人，因而被解雇的士兵紛紛集結到各地望族（Âyan，音譯為阿揚）的麾下，保加利亞地區的阿揚阿萊姆達爾．穆斯塔法帕夏（Alemdar Mustafa Paşa）即是其中

一方勢力。阿萊姆達爾率領三萬士兵進軍伊斯坦堡，企圖推翻現任蘇丹，擁護在改革中被廢黜的塞利姆三世復位。

但是，穆斯塔法四世（IV. Mustafa）早已殺死了塞利姆三世。於是阿萊姆達爾廢黜了穆斯塔法四世的蘇丹王位，將他關進後宮裡，讓其弟馬哈茂德二世（II. Mahmud）即位。

被馬哈茂德二世任命為大維齊爾的阿萊姆達爾，企圖恢復尼扎姆－塞迪德。他推行軍政改革，但耶尼切里卻大力反對。阿萊姆達爾最後遭到耶尼切里刺殺身亡，因此解散耶尼切里的行動暫時宣告失敗。

後來，馬哈茂德二世又再度準備重組尼扎姆－塞迪德。他先陸續殺死指使耶尼切里的地方望族（阿揚），沒收其財產。於是在一八二〇年左右，巴爾幹半島和安納托利亞的地方望族全都消失得無影無蹤。

接著，馬哈茂德二世開始設法瓦解耶尼切里。他任命自己的心腹擔任耶尼切里軍團的司令官，將心生不滿的司令官等異議人士，一律調任到外地或打壓。

西元一八二六年，馬哈茂德二世宣布創立新軍團「穆罕默德常勝軍」（Muhammed'in muzaffer askerleri）。他從原有的耶尼切里當中，選拔出支持自己的人加入新制軍隊。就在同年六月，耶尼切里勢力在伊斯坦堡發起暴動，抗議馬哈茂德二世的改革，最終遭到穆罕默德常勝軍鎮壓並一舉擊潰。在這場暴動中喪命的耶尼切里士兵，據說人數多達六千人。

於是，進一步鞏固權力的馬哈茂德二世，也開始大刀闊斧改革鄂圖曼帝國的軍隊體制，致力於編制現代化的軍隊，同時他也推動外交新制，積極派遣留學生前往奧地利、德國、法國、英國等歐洲國家學習。

當時的日本

自18世紀末開始，日本沿海經常出現外國船艦的蹤影。起初江戶幕府的策略是提供柴薪和水，打發船艦離開；1825年（文政8年），幕府頒布武力驅趕外國船隻的《異國船打擊令》，這項法令直到清朝在鴉片戰爭敗北後才廢除。

民族主義的浪潮

時間稍微往前回溯一下，十八世紀末的歐洲發生了法國大革命和拿破崙戰爭。拿破崙（Napoléon Bonaparte）在一八一五年垮台後，各國為了討論戰後的新秩序而召開維也納會議，鄂圖曼帝國也以見證者的身分與會。

當時，鄂圖曼帝國的統治範圍包含希臘和巴爾幹半島。拿破崙戰爭喚醒了許多國家的民族意識，尤以埃及為最，開始反抗鄂圖曼帝國的支配。

民族主義的擴散，使得由鄂圖曼帝國統治的各國紛紛追求獨立，對帝國來說可能會造成領土縮小。因此，英國、法國、俄羅斯高度關注鄂圖曼帝國統治下的希臘、塞爾維亞、埃及等國的動向。

一八二一年，希臘開始試圖脫離鄂圖曼帝國、獨立建國（希臘獨立戰爭）。這時，鄂圖曼帝國內的耶尼切里和馬哈茂德二世正發生衝突，無法派遣軍隊。於是馬哈茂德二世命令埃及帕夏穆罕默德·阿里（Kavalalı Mehmed Ali）出面鎮壓。但這場戰爭因為俄羅斯和英國等勢力積極介入，最終希臘於一八二九年成功獨立。

埃及獨立

受到希臘獨立的影響，埃及也向鄂圖曼帝國爭取獨立。當時的埃及帕夏穆罕默德・阿里，正獨自推行埃及的改革。

埃及要面對的最大課題，就是國庫財政不穩定。因此，穆罕默德・阿里廢除了埃及的包稅制度，計劃根據新的土地調查結果來穩定稅收。此外，他還編組了穆斯林和基督教徒地位平等的軍隊，成功實現了鄂圖曼帝國窒礙難行的軍事改革。

當時的日本

1833年（天保4年）的天保大飢荒，和享保、天明年間的飢荒並列為江戶時代三大飢荒。原因是延續數年的異常氣候，寒害和持續降雨，導致東北地方一帶嚴重歉收。飢荒和瘟役造成20～30萬人死亡。

穆罕默德·阿里答應出兵鎮壓希臘獨立，條件是鄂圖曼帝國要讓他治理敘利亞。但鄂圖曼帝國拒絕這個要求，於是在一八三一年與埃及爆發了戰爭。

鄂圖曼帝國為了鎮壓埃及，向俄羅斯請求援軍，雙方在一八三三年簽訂互助條約（洪基爾－斯凱萊西條約），約中承認俄羅斯在博斯普魯斯海峽和達達尼爾海峽的航行權。英國擔心俄羅斯艦隊由此得以航行地中海，便積極出面干涉。

一八四〇年在倫敦召開的列國會議中，簽訂了四國條約，規定埃及需歸還敘利亞。穆罕默德·阿里需發誓效忠鄂圖曼帝國蘇丹，同時也能獲得在埃及的世襲統治權。一八四一年，各國簽訂《倫敦海峽公約》，廢除了互助條約。

持續推動帝國內改革

塞利姆三世和馬哈茂德二世效仿歐洲的現代化政策，仍持續推進。例如，除了烏理瑪（神學者、法學者）以外，所有官員都必須改穿西服，戴土耳其毯帽（菲斯帽）取代包頭巾。一八三一年，實行了帝國直轄地的人口普查，將各地封臣掌握的徵稅與徵兵資料移交給政府。

以前由耶尼切里和地方望族履行的職務，都改由政府官員執行，政府開始直接統治帝國人民。此外，政府也進行了資產與收入的相關調查，但還沒能實現現代化的徵稅制度。為了實現稅制改革，鄂圖曼帝國還建立官僚制度、整頓培育人才的教育制度，進行許多足以媲美歐洲各國的改革。

花廳御詔

十八世紀下半葉到十九世紀上半葉，鄂圖曼帝國取得與歐洲各國對等的立場。帝國內部以蘇丹為頂點，其下有完備的官僚制度輔佐施政，為建立新帝國的體制而開始摸索改革方針。

一八三九年，繼承馬哈茂德二世的阿卜杜勒－邁吉德一世（Abdülmecid）即位時，改革派的外交大臣穆斯塔法・雷希德帕夏（Mustafa Reşid Paşa）獲得蘇丹的全面信賴，得以大力推動改革。他在擔任外交官時鑽研過歐洲的國際關係，還就任了大維齊爾。

雷希德帕夏發表了花廳御詔。這份御詔宣布鄂圖曼帝國內的居民不會因伊斯蘭教、基督教等宗教信仰而受到差別待遇，保障人民的生命和財產，包稅人不得擅自徵稅、一律平等課稅等等。

此外，御詔還明訂蘇丹和烏理瑪也必須遵守法律。鄂圖曼帝國因此從以古蘭經為大前提的政教合一國家，朝向現代立憲君主制邁出了一大步。

坦志麥特改革

根據花廳御詔實施的各項改革，總稱為「坦志麥特」（福利改革），實施項目有制定新刑法、設置省議會來整合各地意見、調查作為國力基準的人口和土地、任命新的徵稅官、將地方官僚改成薪水制以防止賄賂等等。

但是，改革操之過急必然會招致混亂。第一個問題就是無法確保新機構的官僚，因此，政府便錄用已退休的地方望族，但是得到官位的人都很保守，反對改革，而且這群官員還恢復了包稅制度。

十九世紀的歐洲各國陸續發生了工業革命，使用機器大量生產的棉布等廉價物品開始輸入鄂圖曼帝國。在戰爭中敗給俄羅斯和英國的鄂圖曼帝國，被迫接受外國商人要求的關稅特權。因此相較於便宜的進口商品，鄂圖曼帝國境內生產的物品根本沒有競爭力，導致產業逐漸沒落。

鄂圖曼帝國透過出口農產品、礦產等歐洲需要的原料來賺取貿易收益。然而，這些出口貿易仍然是以對英國和法國有利的方式進行，使得鄂圖曼帝國的經濟愈來愈蕭條。

誰才擁有聖地管轄權？

鄂圖曼帝國統治下的耶路撒冷，是伊斯蘭教、猶太教、基督教共有的聖地。在十六世紀，鄂圖曼因為與法國有共通的敵人西班牙，為了拉攏法國，便承認法國有權利（管理權）保護、守衛與基督教有關的聖墓教堂（紀念基督死亡與復活的教堂）所在的地區。十九世紀初，在法國大革命造成的混亂之中，鄂圖曼帝國與俄羅斯交涉，讓希臘正教徒承認鄂圖曼帝國的聖地管理權。

一八五二年，鄂圖曼帝國向法國的最高掌權者路易－拿破崙（即後來稱帝的拿破崙三世，**Napoléon Ⅲ**）要求聖地的管理權，並獲得承認。俄羅斯趁機介入，要求在聖地內建立東正教徒的保護地，但遭鄂圖曼帝國拒絕，俄羅斯遂以此為由宣戰。

克里米亞戰爭

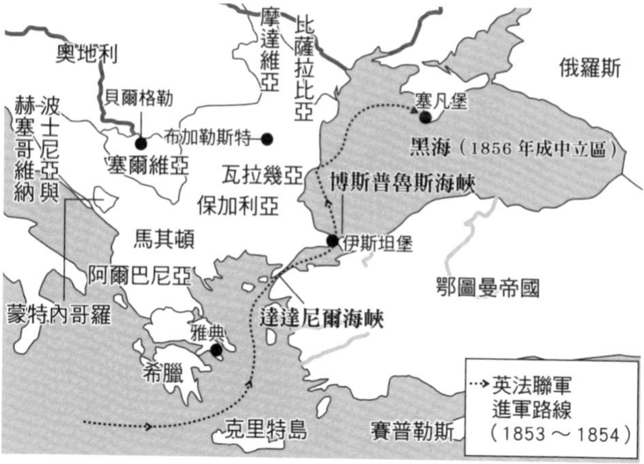

英法兩國都支持鄂圖曼帝國向俄羅斯宣戰，戰爭一觸即發（克里米亞戰爭）。參戰方以鄂圖曼帝國、英國、法國、薩丁尼亞王國和俄羅斯為主，在塞瓦斯托波爾要塞的圍攻中，雙方皆死傷慘重，最終以俄羅斯投降作結。

一八五六年，雙方簽訂《巴黎條約》，戰爭正式結束。這份條約規定原先被俄軍占領的多瑙河恢復航行自由、黑海為中立區，並確立羅馬尼亞（當時的摩爾達維亞及瓦拉幾亞）的自治權。雖然這場戰爭削弱了俄羅斯對鄂圖曼帝國的威脅，卻也給予英國和法國得以趁虛而入的契機。

坦志麥特的後繼者

西元一八五三年到一八五六年的克里米亞戰爭，讓鄂圖曼帝國的知識分子體認到改革的必要。由雷希德帕夏開始推動的坦志麥特，後續也由福阿德帕夏（Keçecizade Fuat Paşa）和阿里帕夏（Mehmed Emin Âli Paşa）以大維齊爾的身分繼承下去。

新的改革詔書中，更具體地重申對全體國民的生命、名譽、財產的保障，帝國子民享有信仰自由，改善穆斯林和非穆斯林選出省議會代表的選舉機制，允許設立非穆斯林的學校，並且禁止針對非穆斯林的歧視言論等等。

法律和教育方面也實行了改革。在土地法、新刑

當時的日本

進入明治時代的日本，在「四民平等」的方針下，廢除了傳統的身分制度。1870年（明治3年），平民也獲准使用姓氏，後來更延伸成為義務。而在1876年（明治9年），政府頒布「廢刀令」，象徵武士時代徹底落幕。

法、新商法、海事法之外，政府還從一八六九年到一八七六年制定了「民法典」，這部法典直到二十世紀以前，都是土耳其人的社會生活規範。土地法承認一般土地私有化，不只是地主的所有權，外國人也能擁有土地。

在學校制度上，則是設立了官僚培育學校，廢除宗教教育。

而在經濟方面，鄂圖曼帝國無法抵抗歐洲各國的勢力入侵。克里米亞戰爭時，政府開始發行外債，無法防止外國資本流入，國家財政為了清償債務而逐漸走向破產。國內產業蕭條，結果農民和遊牧民族便成了犧牲品。

新鄂圖曼人現身！

坦志麥特雖然是「改革」，但實際結果卻是讓土耳其財政破產，甚至放任蘇丹專制獨裁，導致都市居民和農民苦不堪言。不過在這種狀況下，卻培育出接受新教育的新型態知識分子和官僚。他們依據法國思想中的「自由、祖國、立憲、平等」概念，逐漸強化反對專制的立場。他們自稱為「新鄂圖曼人」。

新鄂圖曼人的目標是建立立憲制，批判蘇丹的專制體制和犧牲農民的宮廷生活。在俄土戰爭敗北以後，鄂圖曼帝國可以說是淪落到堪稱歐洲各國殖民地的下場，所以他們力求廢除外國企業的特權和協定。他們期望基督教徒等非穆斯林也能成為平等的國民，這種思想就稱作「鄂圖曼主義」。

當時的蘇丹阿卜杜勒－阿齊茲一世（Abdülaziz）嚴厲打壓這些主張，導致新鄂圖曼人不得不流亡海外；但是到了一八七〇年代，這些運動又再度興盛起來，連保守派的官員也開始出面批判蘇丹的專制，阿卜杜勒－阿齊茲一世被迫下台、自殺身亡。後來繼任的穆拉德五世（V. Murad）也無計可施，遭罷黜退位，新任蘇丹由阿卜杜勒－哈米德二世（II. Abdülhamid）即位。

在這場混亂之中，大維齊爾米德哈特帕夏（Midhat Paşa）提出憲法草案，保障穆斯林和非穆斯林完全平等的地位、開放錄用非穆斯林就任國家官職、開設宗教比例代表制的議會、責任內閣制、保障出版和言論自由等等，獲得普羅大眾的支持。

阿卜杜勒－哈米德二世也批准這些內容，於是在一八七六年十二月末，新憲法正式頒布。

但是，阿卜杜勒－哈米德二世在憲法頒布之際，卻在條文中插入一條「蘇丹特權」，逼迫改革派承認蘇丹擁有廢止憲法的權力。

西元一八七七年三月，鄂圖曼帝國召開上議院和下議院的聯合議會。可是阿卜杜勒－哈米德二世卻利用蘇丹的「特權」，流放了大維齊爾米德哈特帕夏，最終，由反對米德哈特帕夏的保守派陣營掌握了政權。流放了大維齊爾米德哈特帕夏，於是反對米德哈特帕夏的保守派便掌握了政權。

俄土戰爭爆發

保守派制定了對自己有利的憲法，而在巴爾幹半島，基督教徒農民對穆斯林地主治理方式的不滿愈發高漲，發展成為暴動。

一八七六年，保加利亞人為反抗帝國統治而發起叛亂，蘇丹嚴厲鎮壓這場亂事。繼俄羅斯之後，英國、法國都以鄂圖曼鎮壓保加利亞人為藉口，出面干涉內政。俄羅斯的亞歷山大二世（Александр II Николаевич）利用這個機會，重新推動南下政策，以支援巴爾幹半島阿拉伯民族的名義，在一八七七年四月向鄂圖曼帝國宣戰（俄土戰爭）。

英國不樂見戰爭導致國際關係生變，於是警告俄羅斯別輕舉妄動。但俄羅斯仍派兵入侵了安納托利亞東部和巴爾幹半島，在各地擊敗鄂圖曼帝國軍。一八七八年，雙方在伊斯坦堡近郊的聖斯泰法諾簽署條約，原本由鄂圖曼帝國統治的塞爾維亞得以獨立，保加利亞則擁有自治權。

俄土戰爭時鄂圖曼帝國與俄羅斯的關係

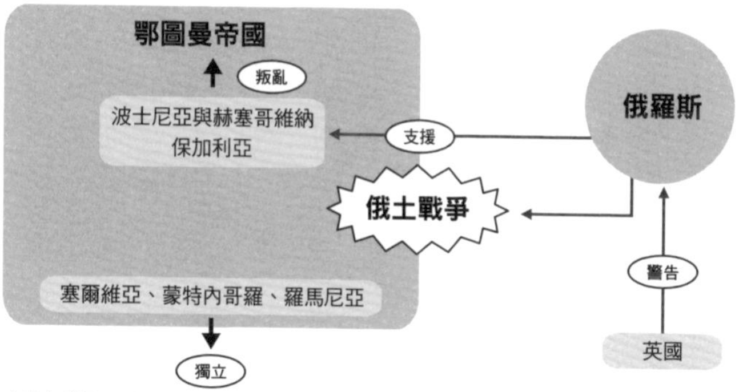

（保加利亞獨立後，成為鄂圖曼帝國境內的自治國）

英國和奧地利反對條約的內容，於是在德國宰相俾斯麥（Bismarck）的主導下，各國簽訂了《柏林條約》。結果，保加利亞成為鄂圖曼帝國內的自治國，俄羅斯的南下政策以失敗收場。

議會大亂！

在俄土戰爭期間，鄂圖曼帝國議會內出現了意外的發展。由各地省議會代表議員組成的下議院，開始大力抨擊官僚機構在整頓後變成中央集權、壓迫地方行政、官員貪污等問題。

此外，生活貧苦的人民怨氣也日漸高漲。

而且，下議院還猛烈批判當時的蘇丹阿卜杜勒－哈米德二世和政府高官勾結外國勢力，造成議會一片混亂。一八七八年一月，在俄軍逼近首都、鄂圖曼帝國又要被迫簽訂喪權辱國條約的狀況下，阿卜杜勒－哈米德二世再度行使「特權」解散議會，廢除憲法，也就是恢復蘇丹的專制體制。

阿卜杜勒－哈米德二世追求的是「泛伊斯蘭主義」思想，要穆斯林協力製造重建帝國的契機。伊斯蘭世界各國的貧苦狀況並不僅限於鄂圖曼帝國，伊朗、印度和埃及也都一樣。

當時在伊斯蘭教世界代表性的反帝國主義思想家阿富汗尼（Sayyid Jamāl al-Dīn al-Afghānī），呼籲伊斯蘭世界團結合作、共同對抗列強。阿卜杜勒－哈米德二世將他召來伊斯坦堡，目的是加持自己立於伊斯蘭世界中心的權威。

但後來雙方因為理念和目的出現歧異而漸生齟齬，最後阿富汗尼遭到禁錮，就此身亡。

永無止盡的赤字

在蘇丹的專制體制下，外國資本持續進入鄂圖曼帝國，但卻沒有讓鄂圖曼帝國的經濟變得富庶，而是只有外國人賺取利益。

一八八一年，歐洲列強建立了「鄂圖曼債務管理局」，直接監管鄂圖曼帝國的財政。這個機構也成為歐洲在鄂圖曼帝國投資的媒介，各國開始在帝國境內建設鐵路，以便大量運輸菸草、棉花和水果等產量提升的作物。

但是，這些產業賺取的利潤全部都用於彌補帝國財政的赤字和軍事費用，土耳其境內並沒有興起新的產業，人民生活也沒有改善。

當時的日本

1887年（明治20年），小松宮彰仁親王訪問伊斯坦堡，鄂圖曼帝國禮尚往來，也派遣使節團訪日。但是，軍艦埃爾圖魯爾號卻因颱風而在和歌山外海沉沒。雖然這起意外造成多人死亡，卻令鄂圖曼與極力救援的日本建立友好關係。

推動帝國近代文化政策的畫家

奧斯曼・哈姆迪

Osman Hamdi

（1842～1910）

近代考古學和美術制度的建構者

奧斯曼・哈姆迪的父親是鄂圖曼帝國的官員，因此他自小便背負著將來成為一流菁英、報效國家的期許，前往巴黎留學。然而，他卻在巴黎沉迷於藝術，一心一意學習繪畫。父親強烈反對他成為畫家，於是強迫他返回母國、進入政府任職；然而哈姆迪還是在1878年為了成為畫家而辭職。

不過，哈姆迪在1881年接受政府的命令，擔任帝國博物館館長，在帝國各地古代遺跡的發掘和管理工作上大顯身手。此外，他還訂立了法律，禁止歐洲考古學家將出土文物帶出國。哈姆迪也致力於培育藝術家，亦曾親擔任於1882年創校的鄂圖曼藝術學校的校長。

哈姆迪本身也是一名出色的畫家，他在從事考古與文藝工作的同時也不斷繪畫創作，是土耳其近代評價很高的代表性畫家。

chapter 7

土耳其共和國成立

訴求進步的各路組織

在十九世紀末，伊斯坦堡帝國軍醫學校的四名學生成立了地下組織，名為「聯合進步委員會」。他們不停召募同志，並且以薩洛尼卡（現在的希臘北部城市）為中心，從事反蘇丹專制的活動。但是，他們遭到阿卜杜勒－哈米德二世派出的間諜查獲、受到打壓，因此只好將活動據點移向海外。

此外還有「新鄂圖曼人」，他們在鄂圖曼帝國宮廷學習西歐思想，卻因批判專制而遭蘇丹打壓，流亡巴黎繼續活動。雙方在海外匯合，組成「青年土耳其黨人」。

青年土耳其黨人的中心成員是土耳其穆斯林的知識分子、青年軍官、官僚、技師。不過，非土耳其人的庫德人和亞美尼亞人也參與其中。因此，匯集各路成員的青年土耳其黨人無法提出改革運動的核心方針，結果分裂成目標是建立以土耳其人為主的中央集權制派閥，和主張融合帝國內多數民族的地方分權派，雙方的衝突逐漸浮上檯面。即使如此，他們之間仍有共識，那就是維持帝國體制的同時推翻專制政治，建設以憲法和議會為基礎的國家。

青年土耳其黨人革命！

一九〇五年，日本人贏得日俄戰爭後，在俄羅斯發生的革命（自血腥星期日後開始動搖沙皇專制體制的動亂）影響下，長期承受俄羅斯壓力的鄂圖曼帝國和其他國家的民族意識也都飽受衝擊。

鄂圖曼帝國境內，巴爾幹半島各民族在馬其頓周邊的游擊活動變得頻繁起來。而據點位在馬其頓南部薩洛尼卡的鄂圖曼帝國第三軍當中，出現了支持「聯合進步委員會」的青年軍官，其中之一就是恩維爾帕夏（Enver Paşa）。

一九〇八年，傳來俄羅斯與英國商談如何瓜分鄂圖曼帝國的情報後，恩維爾帕夏等人便發動政變奪取第三軍的實權，強硬要求阿卜杜勒－哈米德二世恢復憲法（史稱青年土耳其黨人革命，或稱薩洛尼卡革命）。

阿卜杜勒－哈米德二世接受要求，恢復米德哈特憲法、成立第二次立憲體制。

在鄂圖曼帝國情勢混亂之際，周邊各國趁機擴大領土。擁有自治權的保加利亞宣布完全獨立，波士尼亞與赫塞哥維納併入奧地利，克里特島宣布與希臘合併。

鄂圖曼帝國內部為基督教徒爭取權益的議員，發言權也變得愈來愈大。

三三一事件

在一連串政治危機當中，有保守宗教傾向的右派勢力產生了危機意識，也開始伸展觸角。一九〇九年，受到該勢力煽動的伊斯坦堡軍隊，殺害了「聯合進步委員會」的重要成員。這就是歷史上的三三一事件。「聯合進步委員會」派出軍隊，鎮

壓反革命的活動，並罷黜了阿卜杜勒－哈米德二世，讓年邁的穆罕默德五世（V. Mehmed）即位，蘇丹的政治權力從此大幅下降。

而「聯合進步委員會」內部，失去許多領土的地方分權派被逐出政府，由中央集權派掌握實權。主張帝國內民族融合的「鄂圖曼主義」思想失去了影響力，對於非土耳其人的迫害逐漸增強。

主張西歐近代思想結合伊斯蘭價值觀的改革派知識分子，因為保守勢力反撲而備受打擊，立場從宗教轉向強化世俗社會。可是，一般人民依然期待能建立伊斯蘭信仰的國家。結果，知識分子與百姓之間也在宗教議題上形成對立立場。

逐漸失去的領土

在薩洛尼卡革命和三三一事件的餘波尚未平息之際，義大利在一九一一年向鄂圖曼帝國宣戰。戰爭的結果是鄂圖曼帝國失去了北非的的黎波里和昔蘭尼加（利比亞

巴爾幹戰爭後的鄂圖曼帝國領土

北部）。在一九一二年，塞爾維亞、蒙特內哥羅、保加利亞、希臘組成了巴爾幹同盟，與鄂圖曼帝國開戰（第一次巴爾幹戰爭）。在這場戰爭敗北的鄂圖曼帝國除了伊斯坦堡以外，幾乎失去了所有位在歐洲的領土。

不過，戰勝國卻因為瓜分馬其頓的問題而發生衝突。於是鄂圖曼帝國加入塞爾維亞、希臘、羅馬尼亞陣營，與保加利亞開戰（第二次巴爾幹戰爭）。鄂圖曼帝國總算取得勝利，收復了部分領土。

在連續幾場戰爭之後，塞爾維亞獲得同為斯拉夫民族的俄羅斯支援，與統治斯拉夫民族居住地波士尼亞的奧地利加深對立。鄂圖曼帝國和保加利亞對塞爾維亞的不滿日漸高漲，最終選擇靠攏與俄羅斯敵對的奧地利和德國。

徒有虛名的「三頭獨裁」

鄂圖曼帝國在德國和英國等列強進駐的混亂之中，國內從反抗外國勢力，轉而開始大肆抨擊有強烈土耳其中心主義傾向的「聯合進步委員會」。恩維爾帕夏、塔拉特帕夏（Talat Paşa）、傑馬爾帕夏（Cemal Paşa）這三名青年軍官，在一九一三年對成立於一九一二年的內閣發起政變，掌握了實權，樹立「三頭獨裁體制」。雖說是三頭獨裁，但實質上是恩維爾帕夏一人的獨裁統治。

恩維爾帕夏過去曾經擔任駐德國武官，以親德派的身分聞名。而他的理想基礎是統一伊斯蘭世界的泛伊斯蘭主義，與團結土耳其人的泛突厥主義。在第一次世界大戰爆發後，恩維爾帕夏選擇加入了與企圖竊占鄂圖曼帝國領土的英國、法國、俄羅斯敵對的德國陣營。

第一次世界大戰爆發

奧地利皇儲夫婦遭到塞爾維亞愛國青年暗殺的塞拉耶佛事件，揭開了第一次世界大戰的序幕。

在巴爾幹戰爭中耗盡國力的鄂圖曼帝國極力避免參戰，但是，德國政府卻強硬要求他們攻打俄羅斯，於是在一九一四年十月二十八日，鄂圖曼艦隊攻擊俄羅斯軍位在黑海的堡壘。

鄂圖曼帝國加入德國、奧地利、義大利三國同盟參戰，導致俄羅斯、英國、法國對其宣戰。土耳其境內淪陷為戰場，自此展開俄英法三國瓜分鄂圖曼領土的帝國主義外交序幕。

在安納托利亞東部雖然有恩維爾帕夏指揮作戰，但依然敗給了俄羅斯。另外，鄂圖曼在敘利亞和埃及等許多阿拉伯人居住的地區，則是與英國作戰。這些地區是由傑馬爾帕夏領導作戰，但連戰連敗。由於德國軍官指揮的部隊驍勇善戰，英國只好增強兵員、占領巴格達。接連敗給俄羅斯和英國的鄂圖曼帝國，失去了敘利亞、伊拉克、阿拉伯半島等所有阿拉伯人居住的地區。

這時，由英國聯絡官湯瑪斯・愛德華・勞倫斯（Thomas Edward Lawrence）上校領導阿拉伯人，對土耳其人發動叛變。同為穆斯林的阿拉伯人造反，讓深信自己是伊斯蘭世界中心的蘇丹大為震驚。鄂圖曼軍最後未能鎮壓叛亂，黯然撤退。

3C對上3B的世界政策

第一次世界大戰期間，英國在原屬鄂圖曼帝國領土的西亞，推動3C政策（連結殖民地開羅、加爾各答、開普敦的鐵道建設計畫，為英國擴大印度洋勢力圈的政策）。德國為與之抗衡，則提出3B政策（連結柏林、拜占廷、巴格達的鐵道建設

賽克斯－皮科協定的領土瓜分

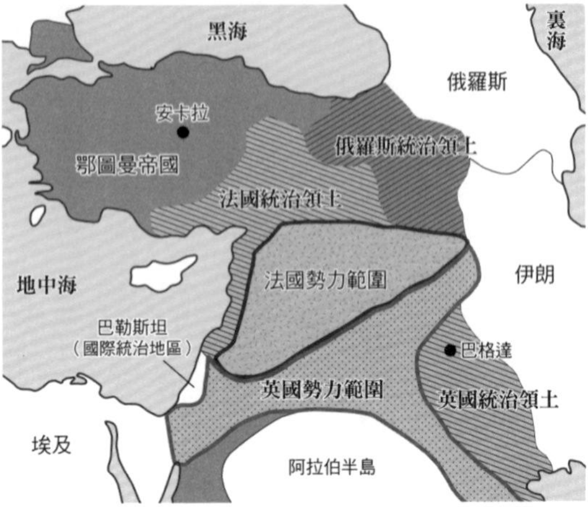

計畫，企圖擴大在中東的影響力。拜占庭為伊斯坦堡的舊名）。

一九一五年，英國為了支持鄂圖曼統治的阿拉伯人獨立建國，發表《麥克馬洪－海珊協定》；翌年，又與法國、俄羅斯締結戰後瓜分西亞的《賽克斯－皮科協定》。

而後在一九一七年，英國得到猶太人的支援，於是答應在戰後幫助他們建立國家（貝爾福宣言）。

根據賽克斯－皮科協定，三國瓜分鄂圖曼帝國領土的伊拉克和敘利亞，並由英國和法國共同管理巴勒斯坦。這份堪稱密約的協定，直到一九一七年俄羅斯發生革命之際，才由革命政府公諸於世。

協約國瓜分占領

鄂圖曼帝國因為戰爭而疲弊的不是只有中央政府和軍隊。除了逃離軍隊的士兵以外，窮困的農民和遊牧民也在各地大肆行搶，無政府狀態蔓延至整個社會。一般民眾對於引發這種亂象的政府大為不滿。

帝國政府組成了主張休戰的伊澤特帕夏（Ahmet İzzet Furgaç）內閣，取代領導戰爭的恩維爾帕夏等三頭獨裁，於一九一八年十月，在停泊於愛琴海利姆諾斯島的英國軍艦上，簽署了《穆茲羅斯停戰協定》。

根據這份協定，協約國在戰後得以軍事占領鄂圖曼帝國。以英國為中心，英、法和義大利軍隊，總兵力將近十一萬人的協約國軍隊進駐鄂圖曼帝國，領土實際上就如同殖民地般遭到列強瓜分。恩維爾帕夏等領導者，在簽訂停戰協定數天後，便流亡至德國。

在帝國議會上，先前無法暢所欲言的政治團體，在追究戰爭責任的同時，也高喊著要教訓「聯合進步委員會」。對持續混亂不休的政府和議會感到不滿的勢力也愈來愈多。

另一方面，鄂圖曼帝國境內的希臘人、亞美尼亞人和庫德人等非突厥人的民族開始朝著獨立建國邁進。一九一九年五月，希臘軍在亞美尼亞西部的伊茲密爾登陸，此一事件令土耳其人的危機意識大幅提升。在鄂圖曼帝國統治的地區，非突厥語系民族接連成立組織反抗土耳其勢力；而在鄂圖曼帝國直轄地區，則有游擊隊（包含政黨黨員和其支持者）發起抗爭運動。

凱末爾登場

相較於安納托利亞西部和東南部展開的游擊活動，東北部也有黨派發起的運動。其中一個領袖就是穆斯塔法·凱末爾帕夏（Mustafa Kemal Paşa）。

出生於薩洛尼卡貧窮家庭的凱末爾，踏上未來有望榮升的軍人之路。他就讀於伊斯坦堡的陸軍大學時，強化了反對專制的立場，畢業後分發到大馬士革的騎兵團服役，隨即組成地下組織「祖國與自由」。他後來在薩洛尼卡加入「聯合進步委員會」（一九〇六年與青年土耳其黨人合併）。

一九〇八年革命過後，凱末爾從軍時有了巴爾幹戰爭等實戰經驗，在第一次世界大戰中晉升上校，指揮加里波利之戰並擊退了英軍，成為國民英雄。戰後，他決定脫離伊斯坦堡政府（蘇丹政府），在一九一九年被派遣到安納托利亞東北部擔任軍隊監察官時，為了祖國的統一和獨立，他呼籲伊斯坦堡政府召開國民議會（阿馬西亞宣言）。

協約國軍和伊斯坦堡政府皆批判凱末爾的行動，於是他決定退伍、以一般民眾的身分活動。凱末爾攻擊伊斯坦堡政府的士兵，與各地的黨派聯手。在他的領導下，土耳其人的祖國解放運動得以團結一致。

以凱末爾為中心，伊斯坦堡政府內的凱末爾派議員占據過半的席位，並且通過建立主權國家、解放祖國的原則（Misak-ı Millî）。

對此，協約國軍的回應是占領伊斯坦堡、解散議會，逮捕了凱末爾派的議員。凱末爾也逮捕安納托利亞的英國軍官作為回敬，並號召世界各地的穆斯林發起恢復國土的抗爭（聖戰）。

伊斯坦堡政府為了鎮壓抗爭，在英軍的支援下組成了「哈里發擁護軍」。於是，凱末爾也依循伊斯蘭基本法，於一九二〇年四月成立革命政府，以主張政權的正當性。由凱末爾領導的革命政府（安卡拉政府）與舊帝國的伊斯坦堡政府就此展開拉鋸對峙的局面。

國土僅存三分之一

在內亂持續延燒之際，土耳其在一九二〇年八月，與協約國簽訂了《色佛爾條約》。這份條約明定土耳其除了伊斯坦堡周邊以外，領土縮小至安納托利亞半島北部的大約三分之一。從安納托利亞半島南部開始，領土劃分給了英國、法國、義大

色佛爾條約瓜分鄂圖曼帝國領土

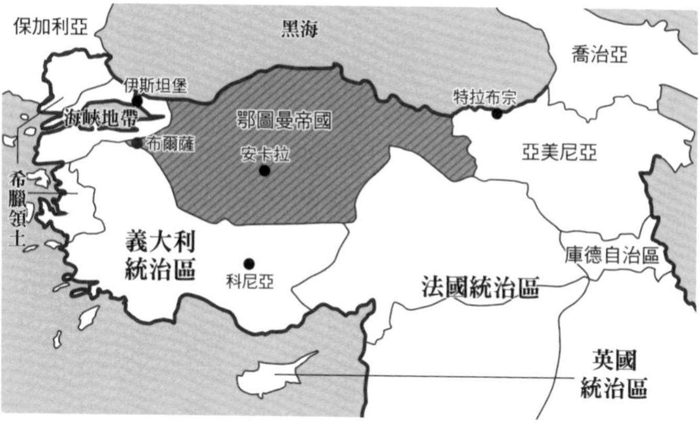

利、希臘、亞美尼亞（新興獨立國家）和庫德人自治區。

達達尼爾海峽和博斯普魯斯海峽，則是由國際機構「海峽委員會」管理。在占領下的伊斯坦堡得以有條件行政，土耳其西部的伊茲密爾地區則是保障了希臘人的行政權。

《色雷條約》的內容不只是承認列強瓜分領土，也有消滅土耳其的領地統治權，並利用土耳其來防堵俄羅斯新建立的共產政權的意圖。

這些內容對土耳其人來說非常不合理，因此點燃了他們內心的民族主義情緒。

土耳其大國民議會

西元一九二〇年四月，在簽署條約以前，凱末爾在安卡拉成立了「土耳其大國民議會」，用以抗議協約國軍占領伊斯坦堡的行為。

因為議會的籌備期間很短，農民等勞動人士還無法參加選舉，只能由知識分子、地主、商人、官僚選出議員，凱末爾則當選為議長。這個議會是為民喉舌的唯一機構，主張外國勢力占領下的伊斯坦堡政府屬於非法機關。

由凱末爾領導的大國民議會，不只是對抗伊斯坦堡政府，還必須與安納托利亞半島各地發起革命的反對勢力交戰。

此外，伊斯坦堡政府為了阻撓大國民議會的活動，刻意宣傳中傷大國民議會，使得反革命勢力對於革命軍的武器和士兵籌措方法心生不滿。這時，剛成立的蘇維埃聯邦社會主義共和國，便出手支援土耳其大國民議會。

安卡拉政府在一九二〇年，成立了與蘇聯交好的地下組織「綠軍」。綠軍裡信奉共產主義的勢力逐漸壯大，開始展現出反對凱末爾的立場，於是凱末爾決定出兵鎮壓。在鏟除共產勢力的一九二〇年十二月以後，大國民議會與占領軍之間正式開啟了國土解放戰爭。

土耳其獨立戰爭！

以凱末爾為代表的安卡拉政府，在鄂圖曼帝國境內勢力逐漸增強，令國際輿論不得不轉向承認安卡拉政府的合法性。一九二一年一月，安卡拉政府在西安納托利亞大破希臘軍，益發鞏固麾下軍隊的立場與地位，安卡拉政府儼然成為代表鄂圖曼帝國的權力中樞。

當時的日本

1921年（大正10年）11月，時任的內閣總理大臣原敬在東京車站遇刺身亡，犯人是國鐵職員中岡艮一。原敬反對實施普通選舉法，其黨派利益和策略至上的政治立場也讓他飽受輿論批評。中岡行刺的理由也是出於對他的不滿。

土耳其大國民議會也頒布憲法，內容以「主權在民」為核心思想，據此鞏固國家的體制。利用憲法的制定來排除伊斯坦堡政府，展現出大國民議會才是鄂圖曼帝國正當政府的事實。

蘇聯與鄂圖曼帝國之間也因為亞美尼亞問題而對立，但兩國仍在一九二一年三月簽訂和約。結果，革命政府開始得到蘇聯的物資支援，與協約國軍的戰爭從此便能朝向有利的方向發展。

英國試圖為伊斯坦堡政府和安卡拉政府調解，在倫敦召開會議，卻反而使兩個政府的衝突更加嚴重。

在這場會議中，安卡拉政府持續在安納托利亞半島西部與希臘作戰，希臘國王親自出征，使土耳其軍陷入窮途末路。在這個緊急狀況下，大國民議會將全權交由凱末爾指揮，與希臘軍正式對決。一九二一年八月，土耳其軍擊敗希臘軍。這場戰爭的過程，讓國際輿論了解鄂圖曼帝國的立場，義大利和法國也紛紛放棄占領安納托利亞南部。

一九二二年八月，土耳其軍主動攻打希臘軍並取得勝利，希臘退出安納托利亞。十月，英國、法國、義大利以及希臘，皆與土耳其簽署了停戰協定，結束一系列的獨立戰爭。

一切起因於洛桑條約

在洛桑和會上，土耳其與希臘因為領土爭議而發生衝突。最後，會議決定保全土耳其透過戰爭收復的領土、承認土耳其的國家和民族獨立。此外，還廢除了協定及其他土耳其對各國開放的特權。

結果，協約國必須撤除駐紮在海峽地帶和伊斯坦堡的軍隊，土耳其得以恢復獨立主權。然而，從鄂圖曼帝國

時期延續下來的龐大債務，仍需要由新成立的國家繼承清償義務。

安卡拉政府內部針對土耳其的未來的國家定位，出現意見分歧。有人主張繼續蘇丹的專制體制，也有人期望建立主權在民的民主國家，甚至還有人寄望蘇聯的共產主義。在這之中，凱末爾的領導力之大，連反對勢力團結起來也無法對抗。

在召開洛桑會議以前，蘇丹政府和安卡拉政府都收到了邀請。這時，伊斯坦堡政府聯絡了安卡拉政府，要他們派代表到伊斯坦堡來協商。這意味著伊斯坦堡政府期望安卡拉政府可以將統治權力歸還給蘇丹。

凱末爾為了解決這個問題，決定推翻伊斯坦堡政

當時的日本

關東大地震發生在1923年（大正12年）9月1日。這場震央位在相模灣的大地震，造成全關東超過10萬戶民宅倒塌。當時的東京，尤其老街一帶木造民宅密集，火災造成的損失非常龐大。死亡、失蹤人數合計逼近10萬人。

府。他考慮到保守派和土耳其國民的信仰，在一九二二年十一月分割蘇丹制和哈里發制，先廢除了蘇丹制。鄂圖曼帝國的專制體制就此終結，僅授予奧斯曼家族繼承哈里發的頭銜。

土耳其共和國成立

出席洛桑會議的代表人選難產，讓凱末爾深切體認到在議會內成為多數派的必要性，於是計劃擴大組織。在一九二三年八月成立的新議會上，國內承認了《洛桑條約》後，凱末爾便展現出他從很久以前就一直主張的基本立場，也就是保護農民和民族產業。

另一方面，反對凱末爾的勢力集結於占領軍撤離的伊斯坦堡，還夥同新聞媒體大肆抨擊凱末爾。

大國民議會在一九二三年十月十三日，將土耳其的首都定於安卡拉。安卡拉的歷史悠久到可以追溯到古羅馬時代，在十四世紀成為奧斯曼侯國的據點，同時這裡也是推翻蘇丹的革命據點，因此才成為土耳其的首都。

一九二三年十月二十九日，凱末爾在大國民議會的動議通過了包含「土耳其是共和國」、「土耳其最高機關為國民議會」、「土耳其由內閣治國」等內容的法案。於是，土耳其就此成為「共和國」。

伊斯坦堡政府為了對抗否定哈里發權威的凱末爾，主張「哈里發是元首，在伊斯蘭世界意義重大」。凱末爾提出的反駁是土耳其不必成為伊斯蘭世界的盟主，若以哈里發的權威君臨伊斯蘭世界，等同於鄂圖曼帝國復辟。

廢除哈里發制一事，震撼了許多伊斯蘭教國家。在這之前，各國的伊斯蘭團體都相信解放土耳其，等於是證明了伊斯蘭教勝利。他們期待太大，才會因為哈里發制的廢除而感到震驚。

凱末爾的目標，是拯救土耳其和土耳其人。他批判過去箝制人民自由的蘇丹兼任哈里發體制，宣稱不該將伊斯蘭教作為政治工具，因此軍隊也願意支持他。於是在一九二四年三月，土耳其成立了廢除哈里發制的法案，並決定將有鄂圖曼皇帝血統的王室成員全部流放國外。另外也廢除了培育伊斯蘭法學者的學校、停止用伊斯蘭法審判，土耳其成為政治與宗教權威分離的國家。不過，翌月制定的新憲法第二條仍加入「土耳其的國教為伊斯蘭教」的條文。

為了建設新國家

新憲法是以國民主權為最大的前提，明定每四年改選一次的大國民議會是唯一的代表機關，負責行使立法權；另外也規定議會每四年選出的總統、總統任命的總理，以及由總理任命、經總統承認的內閣，需各別行使行政權。

不過在當時的土耳其，民主思想尚未根深蒂固，所以在規定言論、出版、集會自由的民主條文方面，並沒有展現出充分的成果。

反對凱末爾的議員因厭惡獨裁傾向較強的人民黨（後來的共和人民黨），便於一九二四年組成進步共和黨，在議會程序和經濟政策上都與人民黨唱反調。

一九二五年，庫德人的神祕主義教團領袖要求恢復哈里發制和伊斯蘭基本法，在安納托利亞東部發起暴動。政府宣布戒嚴並派部隊鎮壓，關閉該地牽涉進步共和黨的同黨集會所，勒令停止共產活動。

政府還關閉了引發暴動的神祕主義教團的祈禱所，同樣勒令停止活動。

此外，政府還廢除伊斯蘭曆、採用西曆，並禁止佩戴象徵土耳其人的土耳其帽。凱末爾強行推動西歐化生活，停止使用阿拉伯字母系統，改採拉丁化字母（Türk alfabesi），作為西歐化政策的一環。他還刪除憲法中明訂「土耳其為伊斯蘭國家」的條文。

這些政策激起反凱末爾勢力密謀暗殺凱末爾，但凱末爾陣營提早發現此事，反而將計就計，讓敵對的政治家垮台。反對勢力的身影從此徹底消失在大國民議會中，形成凱末爾的獨裁體制，土耳其可說是已蛻變成無異於西歐世界的國家。

革命的意義

土耳其的西歐化，起始於十九世紀的坦志麥特改革。

伊斯蘭教的目標，是建設由信奉阿拉的人民組成的宗教國家，並且以西亞為中心，成功擴展到非洲和東南亞。土耳其人也皈依伊斯蘭教，實現鄂圖曼帝國時代的繁榮盛世，但卻無力抵抗高度發展的歐洲列強。

土耳其獨立革命，就是反思鄂圖曼帝國的政治和社會狀況，建立一個人民不會被宗教剝奪自由的社會。一九三四年，議會授予凱末爾「阿塔圖克」（Atatürk，意即「土耳其之父」）的姓氏。

祕密專欄

土耳其的國旗與國歌

紅白國旗所象徵的悠久傳統

土耳其的國旗，是紅底配上一彎白色新月與一顆星星的設計，這面旗幟就稱作「新月旗」或「紅旗」。紅底象徵著勇氣與力量，新月與星星則是代表民族的進步和獨立。

自鄂圖曼帝國的時代起，即偏好使用紅底的旗幟作為代表象徵；而現今土耳其國旗上新月和星星的組合則可追溯到一八四四年，即使在鄂圖曼帝國瓦解後也沒有改變，持續沿用至今。

關於旗徽的設計由來眾說紛紜，傳說是皇帝出征時在戰場上發現耀眼的星月，也有一說是戰場上的敵人血泊倒映著星月。儘管我們普遍熟知新月和星星是伊斯蘭國家廣泛使用的圖騰，不過這個符號最早可追溯到希臘羅馬時代，東羅馬帝國的首都君士坦丁堡（現在的伊斯坦堡）採用新月作為標誌，便是象徵這座城市的守護神，

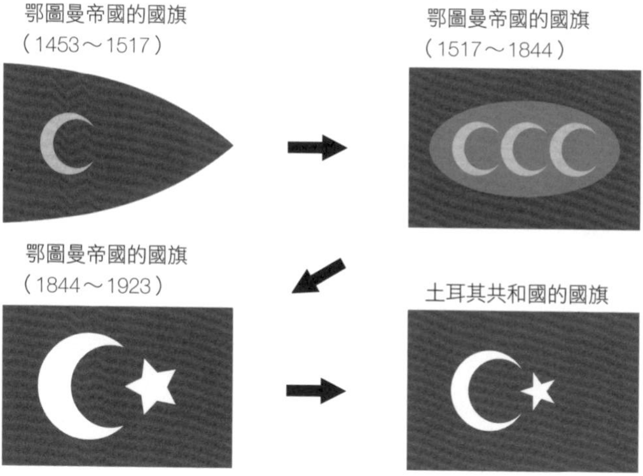

即古希臘女神阿提米絲（Artemis）。

土耳其的國歌《獨立進行曲》，是在土耳其革命時期的一九二一年起用。歌詞共有十節，通常只會唱前面兩節。第一節的歌詞是「別害怕，它絕不會消逝／破曉時悠揚升起的紅旗／是祖國燃燒至最後的火焰／那是我民族的燦爛之星／那屬於我／屬於我的祖國」。

在土耳其建國當時，英國、法國、義大利、希臘都對第一次世界大戰敗北的鄂圖曼帝國領土虎視眈眈，許多人民為了拯救祖國危機而自願荷槍實彈、投身革命。這首國歌，表現出了渴望獨立的土耳其民族強烈的信念。

耐人尋味的土耳其偉人⑦

土耳其女性文學家的代表

哈莉黛・埃迪布

Halide Edip

（1884～1964）

描寫土耳其人的內心糾葛、奮鬥的女權鬥士

哈莉黛・埃迪布從小就在文學和語言學上發揮非凡的才華，她甚至在十三歲就已經精通英語，足以將英語文學翻譯成土耳其語。

1908年青年土耳其黨人發起革命之後，哈莉黛擔任大學的講師，同時也創作小說，並投身社會運動，支援女性走出家庭進入社會、改善女性就職環境和待遇，十分活躍。第一次世界大戰爆發時，希臘軍進攻土耳其，哈莉黛還加入安卡拉的土耳其國民軍，參與穆斯塔法・凱末爾領導的獨立戰爭。

土耳其共和國成立後，哈莉黛反對凱末爾的獨裁，流亡歐洲，在國外埋頭撰寫小說和回憶錄。1938年凱末爾去世後，哈莉黛回到土耳其在大學執教鞭，同時也擔任議員。她對土耳其文學和提高女性地位貢獻良多，但由於她站在批判凱末爾的立場，使得土耳其國內對她的評價並不算好。

chapter 8

現代的土耳其

凱末爾的六支箭

由凱末爾領導的共和人民黨，在一九三一年的黨大會上發表了「凱末爾六項原則」，作為新土耳其共和國的現代化政策。目標是以歐洲各國為榜樣，建立「國民國家」。這六個原則分別是①共和主義、②民族主義、③民粹主義、④國家主義、⑤世俗主義、⑥革命主義，共和人民黨黨旗上的六箭標誌就是其象徵。

「共和主義」是指廢除原有的蘇丹專制君主體制，刪除一九二四年的憲法裡「土耳其為伊斯蘭國家」的條文。

「民族主義」是指建設土耳其人的國家，實行讓所有人民都能擁有土耳其人民族認同的政策。

「民粹主義」是凱末爾擔心俄羅斯革命的影響會造成社會主義蔓延而提出。實現社會主義需要發動革命，流放原有的權力人士和資本家。為了避免這種現象，凱末爾倡導人人完全平等，呼籲農民、商人、工匠、勞工團結合作。「世俗主義」不同於歐洲的政教分離，目標是非伊斯蘭化，也就是建立不受伊斯蘭教限制的社會。「革命主義」是指透過支持這一系列政策，形成讓國民生活穩定的經濟體制「國家主義」（Étatisme）。

國家主義的光明與黑暗

在六箭的影響下，土耳其也可以培育出不需要國外提供資金、可以自主經營公司的資本家。不過另一方面，還是有一群人過著遊牧生活，當時的經濟基本仍是農業，這就是造成經濟活動低靡的原因。而且從一九二九年開始，受到全球經濟大蕭條的影響，棉花、菸草、果乾等物品的出口業務不振，行情暴跌，令地主和民族資本家產生強烈的危機意識。

在這個狀況下，土耳其採取國家主義，目標是培養不仰賴國外的強大經濟實力。國家出面協助需要龐大資本的重工業，也一併帶動相關的輕工業發展。

一九三〇年，土耳其中央銀行成立；一九三四年，第一期五年計畫啟動。目的是在國內培育可直接取得原料的產業，將農產品做成加工品或半加工品出口、活絡在地產業。但是，從中受惠的都是資本家和地主，農民的生活依舊貧困。

政府實行了土地分配作為農民政策，於是大多數農民都能分到土地。但是，分給遊牧民的土地面積狹小、狀態不佳，無法賺到足以生活的收益，結果仍然無助於他們自立。

平民生活的變革

根據這六項原則，土耳其擺脫了伊斯蘭教的限制，獲得參政權的女性開始積極從事教師、學者、律師、法官、醫師等各種社會領域職業。

不過，這種現象仍是以安卡拉和伊斯坦堡等大城市為主，鄉村仍有許多還無法適應新觀念的人。農民無法理解政府推出的政策，反而加大了城鄉差距。

而政府強烈秉持民族主義的教育，則是讓農民逐漸建立起「我是土耳其人」的意識。政府還將兵役期間學會文字的青年培育成小學教師，來教育相關的觀念。學校裡建構了畜產和農業教育體系，對農村現代化貢獻很大。

內外皆和平

全球經濟大蕭條，使得原先較為穩定的國際關係再次動盪起來。在這樣的變局下，凱末爾以不能再讓國民陷入戰爭的強烈信念展開外交，他奉行「內外皆和平」的外交信條，仍由現在的土耳其政府持續傳承下去。

當時的日本

1936年（昭和11年）2月26日，期望天皇親政的皇道派陸軍軍官發起政變未遂，這就是「二二六事件」。叛亂在三天後就遭到鎮壓，但是大藏大臣高橋是清、內大臣齋藤實、教育總監渡邊錠太郎等人都因此喪命。

一九三四年，土耳其與希臘、當時的南斯拉夫、羅馬尼亞透過巴爾幹協商，決定維持巴爾幹半島的現狀。一九三七年，土耳其又與伊拉克、伊朗、阿富汗簽定《薩阿德阿巴德條約》，確定了中東地區的安全與和平。

對土耳其來說最需要警惕的蘇聯、德國、義大利，則是明目張膽地推動擴張軍備的政策。於是英國和法國便拉攏土耳其，在一九三六年簽訂《蒙特勒海峽制度公約》，土耳其得以取回達達尼爾、博斯普魯斯這兩座海峽的主權。

此外，在哈塔伊（位於土耳其和敘利亞靠地中海的邊界、土耳其人和阿拉伯人混住的地區）的主權歸屬爭議上，法國則是讓步，土耳其將哈塔伊併入領土。

凱末爾臨終之際的局勢

由凱末爾領導的共和人民黨內也出現了立場分歧，一派認為國家主義是扶持國內有力資本家自立的短期策略，另一派則是以總理伊斯麥特．伊諾努（İsmet İnönü）

為代表，認為國家主義是取代自由經濟的永續體制，政治上也要貫徹國家主導的立場。

兩派的對立逐漸浮上檯面，於是在一九三七年伊諾努下台，與他對立的傑拉勒．拜亞爾（Celâl Bayar）被任命為首相。一年後，凱末爾病逝，拜亞爾將政權移交給熟悉凱末爾所有政策的伊諾努。

一九三八年十一月就任為土耳其共和國第二任總統的伊諾努，和拜亞爾及其他過去敵對的勢力和解，逐漸鞏固了權力。

參戰即終戰

一九三九年九月，第二次世界大戰爆發。各國都試圖

第二次世界大戰時的土耳其

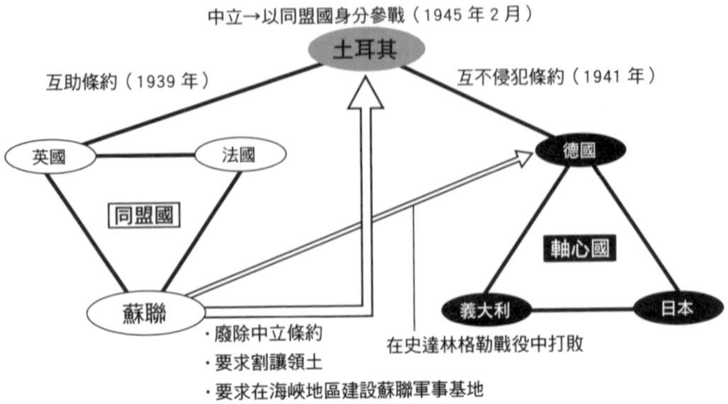

與土耳其建立有利的關係，但土耳其仍延續八面玲瓏的外交策略。十月，土耳其和英國、法國簽訂三國互助條約，同時又在一九四一年六月與德國簽訂互不侵犯條約。

同年六月，德蘇戰爭爆發後，各國紛紛施壓、逼迫土耳其參戰，但決定保持中立的土耳其不為所動。一九四三年，在史達林格勒戰役中擊敗德軍的蘇聯，對土耳其施加更強大的壓力。

一九四五年二月四日，英國、美國、蘇聯首腦在雅爾達會談，商討戰後的國際局勢，對土耳其提出參戰即可加入預定在戰後成立的聯合國創始會員國的條件。

土耳其接受這個條件，於二月二十三日向德國宣戰。但是，蘇聯卻在三月廢除中立條約，不僅要求土耳其割讓領土，甚至還想在海峽地區建設蘇聯軍事基地。由於德國在五月投降，所以土耳其並未實際參戰就迎來終戰。

大戰下的土耳其社會

雖然土耳其在第二次世界大戰結束前夕都維持中立，但仍必須為了防備蘇聯和德國侵略，增加軍事預算。許多年輕人被徵召入伍，軍事產業得以優先發展。政府強制礦山和工廠勞動，結果導致農業生產下降，糧食短缺、生活必需品不足，於是物價上漲，壓迫到國民生活。

一九四〇年，政府制定了「國民保護法」，壟斷決定物價的權限，但卻適得其反，物品無法透過正規的管道取得，平民生活反而更艱苦。同時，也有利用這個狀況發了大財的商人和經營人士，稱作「戰爭暴發戶」。

為了安撫民怨，政府在一九四二年實施了「富裕稅」。然而稅金的徵收比例卻是由各地的官僚或有力人士決定，結果成效不大。此外，伊斯坦堡的非穆斯林貿易業者都需要繳納昂貴的稅金，導致他們紛紛撤出伊斯坦堡。

到了一九四三年，政府針對收益提高的地主和農業生產者，制定了農產物稅。但因為採取統一稅率，對富裕地主來說稅金只是小錢，對收入微薄的農民來說卻成了很大的負擔。

共產主義的防波堤

第二次世界大戰結束後，土耳其成了戰勝國之一，但國民生活卻非常困苦。東歐原先被納粹德國占領的各國，在蘇聯解放後紛紛建立共產政權，使得蘇聯的勢力愈來愈擴張。於是，土耳其人對俄羅斯的敵意又再次高漲起來。

過去在中東擁有龐大勢力的英國失去了國際間的影響力，美國的發言權則是愈加受國際重視。一九四七年，美國的對外政策杜魯門主義，強調支援希臘和土耳其的必要性，並在一九四八年透過馬歇爾計畫實行，決定給予土耳其總額一億美元的援助金。

獲得美國援助的土耳其，在一九五〇年爆發的韓戰期間也派出援軍，一九五二年和希臘一同加入NATO（北大西洋公約組織），採取防禦共產主義在地中海擴張的立場。

一九五五年，伊拉克和土耳其組成以軍事合作為主的巴格達公約組織，英國、伊朗、巴基斯坦也參與其中。然而伊拉克自一九五九年退出後，總部便遷移至安卡拉，並改名為CENTO（中部公約組織）。

當時的日本

現今日本的執政黨自由民主黨，是在1955年自由黨與日本民主黨因保守合同而結成的政黨。自由民主黨為執政黨、日本社會黨為第一大在野黨的「55年體制」，一直持續到細川聯合政權的1993年（平成5年）才結束。

戰後擴大的示威反彈

戰後，許多國家開始推動民主化，土耳其也不例外。

曾經是獨裁者的凱末爾死後，國民間也獲得了解脫。受過高等教育的知識分子擁有建設新土耳其的意識，勞動人口也愈來愈多，各方人士開始各自主張權利。

許多貧窮的農民也被徵召入伍，因而開始意識到新國家的狀態，最終懂得如何批評和參與政治。

土耳其政府成為多黨制，邁出了民主化的第一步。反對共和人民黨政策的人民組成新政黨的過程，使政治深入一般大眾的生活之中。

在宗教政策方面，出現了反抗凱末爾政府貫徹的世俗主義的活動，於是共和人民黨政府在安卡拉大學創立神學部，並恢復小學課外活動的宗教教育。

在一九五〇年的大選中，獲得農民高票支持的民主黨成為第一大黨。曼德列斯（Adnan Menderes）政府主張恢復伊斯蘭教，並實施了復興清真寺等許多支援宗教的政策。有些民眾會破壞凱末爾的雕像，政府還是會出面鎮壓這類行為，但過去凱末爾的理想是建立不受宗教限制的國家，如今這個理想卻變得愈來愈稀薄。

民主黨的經濟政策

民主黨政府運用馬歇爾計畫提供的建設資金，企圖發展以地主利益為中心的經濟體系，項目包含鋪設連結都市和農村的路網、建立貿易體制，並引進美國的牽引機等農業機器。

一九五〇年開始的韓戰，讓土耳其的穀物出口量大增，加上氣候良好，經濟景氣依舊繁榮，所以民主黨政權的支持率也節節攀升。此外，政府的培育方針從國營企業切換到民營企業，擴大對民營企業的融資。農村產業也獲得融資而得以順利發展。土耳其的經濟逐漸形成由國民企業和民營企業組成的「混合經濟」。

但是，依然有人被排除在這個經濟發展之外。農地擴大的結果，就是以遊牧維生的人民土地遭到剝奪。無法待在農村的人民即使移居都市，也沒有固定的工作場所，只能做著露天攤販、警衛這類不穩定的工作，被迫生活在貧民窟裡。

第二共和政權

民主黨在一九五四年的大選中，也獲得壓倒性的民意支持。獨裁傾向更加明顯的曼德列斯政府在一九五七年的選舉當中，依然維持了第一大黨的地位，但也有不少人憤而退黨。

此外，還發生了反對共和人民黨伊諾努的暴力運動。民主黨加強控制批判政府的言論，革職處分批評民主黨政府的大學教授，動盪的氣氛在土耳其逐漸蔓延。

擔心土耳其未來的軍隊基於對民主黨的不滿，於一九六〇年五月二十七日發動政變，控制了政府、政府機關、媒體機關，下令解散民主黨並逮捕曼德列斯等政府要員，改由古爾塞勒（Cemal Gürsel）將軍擔任國家元首。

革命政府對國內外維持NATO和CENTO的體制，早期發出的聲明是軍人會將政權歸還給一般人民。

多名革命領袖還組成了「國家團結委員會」，當中掌握實權的勢力，委託大學教授擬訂新憲法的草案。然後，他們流放了在民主黨時代坐領乾薪的政治家，期望穩定平民的生活。

新憲法是由國家團結委員會指派的人物、知識分子、政治家組成的立憲議會，耗費一年時間制定而成。

剛好就在軍事政變滿一年的一九六一年五月二十七日，土耳其通過新憲法，並且於七月九日舉行國民投票，獲得百分之六十一的同意票，新憲法就此成立。

憲法內容包含分散權力以防一黨獨大、保障言論和出版自由、人民有權上街示威和罷工等等，涵蓋了許多民主要素。

但是，憲法起草委員的人選卻不受國民歡迎，在年末的大選中，正義黨成為多數派。正義黨雖然與人民共和黨聯立，但執政卻不穩定，導致內閣快速瓦解。

可樂在土耳其開賣

正義黨獲得舊民主黨員的支持，試圖一掃民主黨時代政治腐敗的印象。黨政府引進外國商品、保護農民的政策等方針，都贏得民眾的肯定。一九六〇年代的土耳其經濟發展大致順利，國產冰箱逐漸普及至各個家庭。可口可樂也是在這個時期引進土耳其。

但另一方面，自革命以來問題始終最大的「土地改革」，因為遭到地主反對而遲遲沒有進展。農耕機器進口、化學肥料普及、建立灌溉網等農業改革政策則是持續推進。

然而這些都是迎合地主需求的政策，文化水準低落、仍保有虔誠伊斯蘭教信仰的安納托利亞東部，就這麼被排除在發展之外。

六〇年代的政治運動

新憲法鼓吹的言論和出版自由，讓一九六〇年代的土耳其人思維和行動出現了新的傾向。這個時代的土耳其有愈來愈多大學生，他們傾心於社會主義思想，在一九六八年的法國學生運動影響下，土耳其發生了追求大學民主化的學生運動。學生也與校外的政黨、團體聯手，發起要求社會改革的政治運動。

恢復伊斯蘭教的運動也走向偏激，甚至有人呼籲全世界的穆斯林復興伊斯蘭神權政治。也有勢力因為擔憂這些左派的動向、宗教動向，而大肆煽動土耳其人的民族意識。另一方的左派勢力也愈演愈烈，導致土耳其政局持續動盪不安。

西方各國憂心土耳其的政治和社會不穩定，便透過世界銀行提供土耳其緊急經濟援助。但是，土耳其的經濟依舊不穩定，一九七一年還發生任職於ＮＡＴＯ基地的美國人遭到綁架的事件，警察闖入犯案組織據點所在的大學，情勢更一度演變成槍戰。

備忘錄政變

一九七一年，土耳其軍隊勒令禁止並解散所有學生團體、勞工組織活動，還停止發行左派立場的雜誌和報紙。這場鎮壓還波及到學者與知識分子。軍隊的這些動向，就稱作「備忘錄政變」。另一方面，軍隊對右派和民族團體卻十分寬容，這個時期的宗教活動人士埃爾巴坎（**Necmettin Erbakan**，日後的總理）並沒有遭到逮捕。

政府組成以中庸勢力為中心的聯合內閣，企圖改革政治。但議會內占多數的正義黨吸收許多保守主義者，導致政策未能革新。改革派退出政壇，由軟弱的保守勢力

主導的內閣仍繼續運作，因此國民對社會改革的期望未能實現。

軍隊不再插手政治後，在一九七三年十月舉行的大選中，記者出身的艾傑維特（Bülent Ecevit）率領的共和人民黨成為第一大黨，正義黨以極小差距居第二，以這兩黨為軸心，救國黨等有宗教、民族主義傾向的政黨也加入聯合政府。

一九七四年一月，艾傑維特成為總理。七月，政府派軍前往發生政變的賽普勒斯，占領島嶼北部、併為土耳其的一省。這個戰略讓艾傑維特成了國民英雄，但美國卻對這個局面感到憂心，開始禁止出口武器給土耳其。

八面玲瓏的嚴重挫敗

在一九七五年的大選中，保守派的四個政黨（正義黨、救國黨、共和信託黨、民族主義行動黨）組成「民族主義陣線」，以狄米瑞（Süleyman Demirel）為總理的新內閣誕生。這個內閣採取全方位外交（不樹敵、與所有國家都對等交流的外交方針），也十分重視與蘇聯、東歐的關係；但副總理埃爾巴坎的施政方針，卻是以沙烏地阿拉伯和伊拉克等石油產國為主，深化與阿拉伯世界的關係。他計劃建設從伊拉克通往土耳其境內的輸油管，讓石油出口國的資本（油元）輸入土耳其。

但是，沒有政黨願意指出經濟活動緊縮的必要性，結果在一九七〇年代，土耳其未能履行償還外債的義務。經濟蕭條造成人民罷工，境外勢力的恐怖活動也不斷發生。一九七八年，民族主義陣線內閣解體後，民族主義者被逐出政府機構，同時也導致極右派發起的恐怖行動和宗教對立更加嚴重。

一九七九年，伊朗發生伊朗伊斯蘭革命。當伊朗開始進攻屬於蘇聯的阿富汗，導致NATO成員國周邊動盪不安時，鄰近的土耳其在軍事上也開始扮演重要的角色。因此，美國又重新開始支援土耳其。

第三共和政權開始

土耳其軍隊擔心宗教勢力和左派分子的動向，會破壞凱末爾的建國理想，便於一九八〇年九月發起軍事政變，宣布掌控政權。這一年開始的新共和政體，稱作第三共和，憲法失去效力、議會解散，並禁止所有政黨活動。

總理狄米瑞失勢，前內閣祕書長厄扎爾（Turgut Özal）出任副總理。厄扎爾企圖穩定政治、復甦經濟，期望留在ＮＡＴＯ可以繼續獲得外國的資金援助。

一九八二年，土耳其實行憲法修正，制定了採取一院制、強化總統權限、未獲得一定得票率的政黨議員當選無效等新體制。在一九八三年的大選中，由祖國黨、人民黨、愛國民主黨競選，最後由厄扎爾率領的中庸右派的祖國黨勝選。

祖國黨有四個基本的政策理念，分別是自由主義勢力、伊斯蘭勢力、民族主義勢力這三個派系，以及社會民主主義（用民主手法實踐社會主義的思維）。

祖國黨集結了有強烈民族主義傾向的中庸右派政黨、重視伊斯蘭教的政黨、有社會主義傾向的中庸左派政黨的口號，因而逐漸失去了自己的特色。不過，總理厄扎爾仍以經濟官員的身分累積政績，引領一九八〇年代的土耳其發展。

厄扎爾也推行當代世界各國採用的新自由主義（不受國家限制、放任企業自由競爭的經濟原則），土耳其經濟也跟著繁榮起來。但是，獲益者都集中在資產階級，造成貧富差距擴大、通貨膨脹，民眾批評的聲浪也愈來愈大。

一九九〇年代，土耳其的國際關係出現大幅轉變。最大的問題是一九九一年蘇聯解體。土耳其作為蘇聯共產勢力防波堤的重要性下降，不過土耳其和同為突厥語民族的哈薩克和其他中亞各國、黑海周邊各國加強了經濟、政治上的關係。

一九九二年，保加利亞、喬治亞、羅馬尼亞、俄羅斯、烏克蘭、土耳其、阿爾巴尼亞、亞塞拜然、亞美尼亞、希臘、摩爾多瓦、塞爾維亞與蒙特內哥

當時的日本

1980年代後半的「泡沫經濟」，在1991年（平成3年）泡沫破裂。在這之前，日本的地價和股價持續飆升，卻沒有反映在實體經濟成長上，政府與日本銀行採取控制總量及其他金融緊縮政策，導致地價和股價暴跌，進入「平成大蕭條」。

庫德人的動向

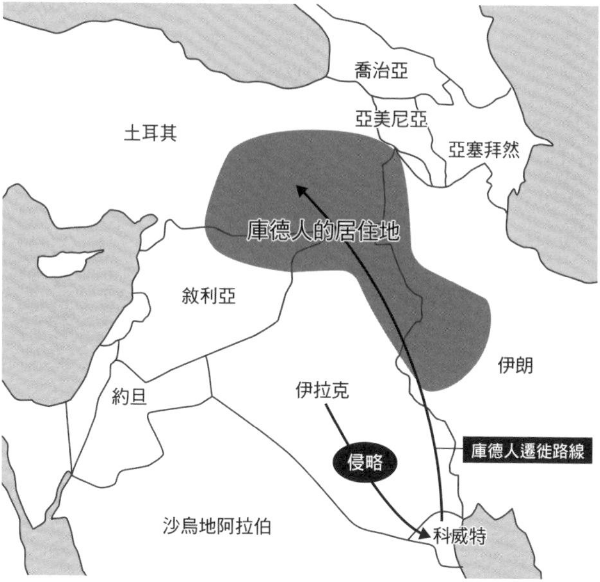

羅等國，共同組成了黑海經濟合作組織（BSCE），藉此強化經濟方面的合作關係。

無解的庫德人問題

庫德人從西元前就在土耳其東部橫跨敘利亞、伊拉克邊境地帶生活。庫德人也屬於突厥語民族，但主張「土耳其是突厥（土耳其）人的國家」的土耳其政府，卻不承認庫德人是民族。有些庫德人接受這種現狀，但也有些勢力試圖建立庫德人的國家。

一九九〇年，伊拉克占領科威特，導致多國軍隊進攻開戰（波斯灣戰爭）。這時居住在伊拉克的庫德人，為了避免遭到伊拉克政府迫害，以難民的身分紛紛湧入土耳其境內。土耳其國內勢力便趁機出面聲張庫德人的權利。

另一方面，當時就讀安卡拉大學的奧賈蘭（Abdullah Öcalan），組成了非法共產主義武裝組織PKK（成立時名為庫德工人黨，現為庫德斯坦工人黨），在各地發起恐怖行動。雖然他們受到政府打壓，但仍將據點移到敘利亞和黎巴嫩，繼續從事恐怖攻擊。

庫德人問題不只是發生在土耳其國內，也衍生成為國際問題。例如土耳其就因為打壓庫德人，至今仍未能加入歐盟。

世紀末的混亂

內政方面，由於厄扎爾在一九九三年猝逝，土耳其頓時失去政治的中心人物，導致發生了新的問題。當時的土耳其政府並沒有席位單獨過半的政黨，缺乏強勢的領導力量。

此外，還有自土耳其建國以來的經濟問題，需要改善國家財政的政策，與消除貧富差距的政策，前者獲得資本家和地主支持，後者則受到農民和都市的貧民支持。這場對立使得土耳其難以建立穩定的政權。

隨後由福利黨的黨魁埃爾巴坎就任為總理，新政府開始實施帶有強烈的伊斯蘭教色彩的政策；在國際關係方面，也計劃與對抗美國的伊朗、利比亞等國家強化外交關係。

福利黨不斷吸收保守的貧窮階層，藉此擴大支持率，然而埃爾巴坎帶有明顯宗教傾向的施政動向，卻令軍隊非常反感。一九九七年，產生強烈危機意識的軍隊對埃爾巴坎施壓，逼迫他辭去總理一職。然而即便在政變過後，土耳其國內的宗教勢力依然持續增強。

艾爾多安與AKP

二〇〇一年，隸屬福利黨的伊斯坦堡市長雷傑普．塔伊普．艾爾多安（Recep Tayyip Erdoğan）等人，組成了AKP（正義與發展黨）。

AKP是福利黨的後繼政黨分裂而成的政黨，主張照顧低收入戶的經濟政策，其社會政策廣受人民支持，得以長期執政。

其中之一就是在伊斯坦堡市郊開發乾淨的集合住宅，用低利率開放給民眾貸款購屋。艾爾多安從小在伊斯坦堡的老城區長大，所以不同於以往的菁英政治家，會展現出自己伊斯蘭教式的生活風格和親民態度，藉此強化權力。

軍隊擔心AKP的支持基本盤擴大，期望能以土耳其共和國之名保衛凱末爾的建國精神。但是在二〇〇七年的選舉中，AKP贏得了大選，令軍隊的不滿更加高漲。這場對立間接導致二〇一〇年發生的軍事政變未遂事件，最後以軍隊失去權威收場。艾爾多安的權力、AKP的支持率變得更高。

艾爾多安在做施政決策時，早期還會與身邊的親信再三協商；但他的獨裁傾向卻一年比一年更嚴重，這對於計劃強化對歐關係的土耳其來說，並非好事。

「零問題外交」真的沒問題？

二十一世紀的中東危機，始於美國認為伊拉克持有大量毀滅性武器而出兵開戰的伊拉克戰爭。艾爾多安雖然主張要與美國共同作戰，但土耳其境內的輿論卻一面倒地反對，導致土耳其未能派兵參戰。

土耳其的外交稱作「零問題外交」，也就是和每一個國家都維持友好關係。除了美國以外，土耳其也和俄羅斯、伊朗、中國等國建交；對伊朗核問題，則是表態支持核能的和平用途。

在伊拉克戰爭以後，艾爾多安仍與美國保持友好關係，甚至還訪美與美國總統歐巴馬（Barack Hussein Obama）會談。

土耳其和蘇聯解體後的中國建立軍事合作關係，除了購買中國製武器以外，也對中國開放土耳其境內的軍事演習場。

而且，艾爾多安還加強了與俄羅斯的軍事合作，但美國不滿土耳其進口俄羅斯的武器，於是對土耳其實施了制裁政策。

土耳其的未來

二〇一一年，以突尼西亞為起點發生的革命浪潮

當時的日本

2011年（平成23年）3月11日發生的東日本大地震，地震矩規模9.1的強烈地震及伴隨而來的大海嘯，造成嚴重的災害。死者與失蹤人數合計高達2萬2000人，2021年（令和3年）7月依然有大約4萬人只能過著避難生活。

「阿拉伯之春」（阿拉伯世界反對獨裁、追求民主化的運動），也傳入土耳其的鄰國敘利亞，敘利亞政局大為動盪，引發的內戰持續至今。

雖然艾爾多安出面調停，但這其中也牽涉了伊斯蘭教內的宗派對立，進而衍生出更複雜的情勢。

敘利亞的問題又牽扯庫德人問題，動盪情勢更加難解。二〇一八年，又發生沙烏地阿拉伯的異議記者在沙烏地駐土耳其的領事館慘遭殺害的事件，使土耳其和沙烏地阿拉伯的關係進一步惡化。

伊斯蘭教聖地麥加和麥地那位在沙烏地阿拉伯，加上土耳其希望維持伊斯蘭世界的盟主身分，導致問題變得更複雜，無法期望能夠輕易解決。

在地政學上，土耳其是東西方的中心，地位非常重大。過去存在於這片土地的鄂圖曼帝國，至今仍是土耳其人心目中的土耳其榮耀時代。

土耳其和阿拉伯、伊朗同為伊斯蘭世界的中心。這個國家今後的國際關係變化，或許也會牽連到世界的情勢走向。

土耳其的歷史
年表

這份年表是以本書提及的土耳其歷史為中心編寫而成。

配合下半段的「世界與日本歷史大事紀」，可以更深入理解。

年代	土耳其大事紀	世界與日本歷史大事紀
552	突厥汗國成立	日本 佛教傳來（538或552）
840前後	維吾爾族西遷	世界 法蘭克王國分裂（843）
874	薩曼王朝成立	世界 黃巢之亂開始（875）
11世紀前後	突厥人頻繁移入安納托利亞半島	日本 藤原道長開始攝政（1016）
1055	塞爾柱人進軍巴格達	世界 諾曼第王朝成立（1066）
1071	曼齊刻爾特戰役	世界 卡諾莎之行（1077）
1299	奧斯曼侯國建國	世界 忽必烈將國號定為元（1271）
14世紀中前後	創立耶尼切里軍團	世界 百年戰爭開始（1339）
1354	鄂圖曼軍控制加里波利半島、進軍巴爾幹半島	世界 元末紅巾軍起事（1351）
1389	科索沃戰役	日本 南北朝統一（1392）

1402	鄂圖曼帝國在安卡拉之戰後暫時滅亡（1413年復興）	世界 明朝鄭和第一次出海航行（1405）
15世紀前半	建立蒂馬爾制	世界 聖女貞德處死（1431）
1453	東羅馬帝國滅亡	世界 英法百年戰爭結束（1453）
1514	查爾迪蘭戰役	世界 帖木兒帝國滅亡（1500）
1517	馬木路克王朝滅亡	世界 宗教改革（1517）
1520	蘇萊曼一世即位	世界 麥哲倫艦隊抵達太平洋（1520）
1526	摩哈赤戰役	世界 德國騎士戰爭開始（1522）
1529	第一次維也納之圍	世界 簽訂坎布雷條約（1529）
1535	授予法國協定	世界 印加帝國滅亡（1533）
1538	普雷韋扎海戰	日本 葡萄牙人來航種子島（1543）
1569	索庫魯・穆罕默德帕夏開鑿窩瓦－頓河運河	世界 法國宗教戰爭開始（1562）
1571	勒潘陀海戰	日本 室町幕府滅亡（1573）
1580	授予英國協定	日本 本能寺之變（1582）
1593	與奧地利長期戰爭（～1606）	世界 頒布南特詔書（1598）
1645	與威尼斯共和國長期戰爭（～1669）	世界 簽訂西發里亞和約（1648）

年代	土耳其大事紀	世界與日本歷史大事紀
1656	科普魯律・穆罕默德帕夏就任大維齊爾	日本 由井（由比）正雪之亂（1651）
1657	威尼斯封鎖達達尼爾海峽	世界 法西戰爭結束（1659）
1683	第二次維也納之圍失敗	世界 英國光榮革命（1688）
1695	終身包稅制度開始	世界 第二次百年戰爭開始（1689）
1699	簽訂卡洛維茨條約	世界 西班牙王位繼承戰爭（1701～1713）
1709	瑞典國王卡爾十二世流亡至鄂圖曼帝國	日本 赤穗事件（1702）
1718	簽訂帕薩羅維茨條約	世界 奧地利頒布國事詔書（1724）
1720年代	鬱金香時期	日本 德川吉宗設置目安箱（1721）
1727	伊斯坦堡設立活版印刷廠	世界 奧地利王位繼承戰爭（1740～1748）
1774	簽訂庫楚克開納吉和約	世界 美國獨立宣言（1776）
1792	簽訂雅西和約	世界 法國大革命開始（1789）
1793	創立尼扎姆－塞迪德軍團	世界 拿破崙遠征埃及（1798）
1805	穆罕默德・阿里帕夏就任為埃及帕夏	世界 維也納會議（1814～1815）
1821	希臘獨立戰爭（～1829）	日本 完成大日本沿海輿地全圖（1821）

1826	廢除耶尼切里、創立穆罕默德常勝軍	世界 第一次英緬戰爭（1824）
1829	鄂圖曼帝國承認希臘獨立	世界 法國占領阿爾及利亞（1830）
1839	頒布花廳御詔，開始坦志麥特改革	世界 鴉片戰爭開始（1840）
1853	克里米亞戰爭（～1856）	世界 拿破崙三世開創第二帝國（1852）
1856	改革詔書	日本 培里來航浦賀（1853）
1876	頒布米德哈特憲法	日本 櫻田門外之變（1860）
1877	俄土戰爭	日本 西南戰爭（1871）
1878	簽訂聖斯泰法諾條約	日本 紀尾井坂之變（1878）
1889	青年土耳其黨人開始活動	日本 頒布大日本帝國憲法（1889）
1908	青年土耳其黨人革命後恢復米德哈特憲法	日本 日韓合併（1910）
1911	義土戰爭	世界 辛亥革命（1911）
1912	第一次巴爾幹戰爭	世界 中華民國成立（1912）
1913	第二次巴爾幹戰爭	世界 第一次世界大戰爆發（1914）
1916	加里波利之戰勝利	世界 俄國革命（1917）
1918	簽訂穆茲羅斯停戰協定	世界 德意志帝國瓦解（1918）

年代	土耳其大事紀	世界與日本歷史大事紀
1919	希臘軍參戰、占領伊茲密爾	世界 巴黎和會（1919）
1920	簽訂色佛爾條約	世界 聯合國創立（1920）
1922	安卡拉政府廢除蘇丹制	世界 蘇聯成立（1922）
1923	土耳其共和國成立	日本 發生關東大地震（1923）
1924	廢除哈里發制，頒布新憲法	日本 制定普通選舉法（1925）
1928	刪除憲法中的伊斯蘭國教條文	世界 全球經濟大蕭條開始（1929）
1931	引進國家主義	日本 發生九一八事變（1931）
1934	凱末爾獲得阿塔圖克的稱號	世界 蘇聯加入聯合國（1934）
1936	簽訂蒙特勒海峽制度公約	日本 發生二二六事件（1936）
1939	和英國、法國簽訂互助條約	世界 德軍無血攻陷巴黎（1940）
1941	簽訂土耳其－德國互不侵犯條約	日本 珍珠港事件（1941）
1945	對日本、德國宣戰	世界 第二次世界大戰結束（1945）
1947	簽訂土耳其－美國軍事援助條約	世界 印度與巴基斯坦分別獨立（1947）
1948	接受馬歇爾計畫	世界 第一次中東戰爭（1948）

1952	加入NATO	日本 因舊金山和約恢復主權（1951）
1954	民主黨繼1950年後在大選中大獲全勝	世界 美國進行氫彈實驗（1954）
1955	METO（巴格達公約）成立	世界 華沙公約組織成立（1955）
1960	軍事政變 民主黨政府垮台	日本 簽訂新美日安保條約（1960）
1961	第二共和政體開始	世界 蘇聯率先派太空人航行宇宙（1961）
1963	第一期五年計畫開始	世界 美國甘迺迪總統遇刺（1963）
1971	備忘錄政變	世界 越南戰爭（1965～1975）
1974	進軍賽普勒斯	世界 蘇聯入侵阿富汗（1979）
1980	軍事政變終結第二共和政體	世界 兩伊戰爭（1980～1988）
1982	第三共和政體開始	世界 福克蘭戰爭（1982）
1985	第二博斯普魯斯大橋動工	世界 波斯灣戰爭（1991）
1999	庫德工人黨黨魁奧賈蘭判處死刑（後改為無期徒刑）	世界 美國發生多起恐怖攻擊（2000）
2002	伊斯蘭政黨在土耳其大選中獲勝	世界 伊拉克戰爭（2003）
2014	正義與發展黨的艾爾多安就任總統	世界 ISIL宣布成立「伊斯蘭國」（2014）
2021	新型冠狀病毒疫情造成約五萬人死亡	世界 新型冠狀病毒大流行（2020～）

参考文獻

『岩波 イスラーム辞典』羽田正ほか編（岩波書店）
『シルクロードと唐帝国』森安孝夫（講談社）
『遊牧民から見た世界史 民族も国境もこえて』杉山正明（日本経済新聞出版）
『トルコのものさし 日本のものさし』内藤正典（筑摩書房）
『トルコの歴史』三橋冨治男（紀伊國屋新書）
『テュルクの歴史』カーター・V・フィンドリー著／小松久男監訳／佐々木紳訳（明石書店）
『イスラーム歴史物語』後藤明（講談社）
『イスラームの国家と王権』佐藤次高（岩波書店）
『オスマン帝国』鈴木董（講談社現代新書）
『オスマン帝国』小笠原弘幸（中公新書）
『オスマン帝国５００年の平和』林佳代子（講談社）
『オスマン帝国の時代』林佳代子（山川出版社）
『オスマン帝国衰亡史』アラン・パーマー著／白須英子訳（中央公論社）
『オスマン帝国英傑列伝』小笠原弘幸（幻冬舎新書）
『オスマン帝国はなぜ崩壊したのか』新井政美（青土社）
『ハプスブルクとオスマン帝国』河野淳（講談社選書メチエ）
『オスマンvsヨーロッパ』新井政美（講談社選書メチエ）
『ケマル・アタチュルク』設楽國廣（山川出版社）
『ケマル・パシャ伝』大島直政（新潮選書）
『イスラムと近代化』新井政美編著（講談社選書メチエ）
『トルコ近現代史』新井政美（みすず書房）
『中東現代史Ｉ トルコ・イラン・アフガニスタン』永田雄三・加賀屋寛・勝藤猛（山川出版社）
『サイクス＝ピコ協定　百年の呪縛』池内恵（新潮選書）
『トルコ現代史』今井宏平（中公新書）
『文明の交差点の地政学 トルコ革新外交のグランドプラン』アフメト・ダウトオウル著／中田考監訳／内藤正典解説（書肆心水）
『クルド・国なき民族のいま』勝又郁子（新評論）
『中東 迷走の百年史』宮田律（新潮新書）
『誰にでもわかる中東』小山茂樹（時事通信社）
『イスラーム世界の挫折と再生』内藤正典編著（明石書店）
『イスラーム世界の危機と改革』加藤博（山川出版社）
『イスラームの世界地図』21世紀研究会編（文春新書）
『ユーラシア胎動 ロシア・中国・中央アジア』堀江則雄（岩波新書）
『イスタンブール 三つの顔をもつ帝都』ジョン・フリーリ著／鈴木董監修／長縄忠訳（NTT出版）

[作者]
関真興
1944年出生於日本三重縣，東京大學文學部畢業，曾擔任駿台補習班世界史科講師，現為專職作家。著有《極簡德國史》、《極簡美國史》、《極簡俄羅斯史》（皆楓樹林出版）、《貨幣改變文明：掌握貨幣就能掌控世界》（智富）、《史學專家的世界史筆記：畫對重點就能輕鬆了解世界史》（台灣東販）等多本著作。

編輯・構成／造事務所
設計／井上祥邦
插畫／ suwakaho
協力／尾登雄平、奈落一騎、村中崇

ISSATSU DE WAKARU TORUKO SHI
© 2021 SHINKOU SEKI
Illustration by suwakaho
All rights reserved.
Originally published in Japan by KAWADE SHOBO SHINSHA Ltd. Publishers,
Chinese (in complex character only) translation rights arranged with
KAWADE SHOBO SHINSHA Ltd. Publishers, through CREEK & RIVER Co., Ltd.

極簡土耳其史

出　　版／楓樹林出版事業有限公司
地　　址／新北市板橋區信義路163巷3號10樓
郵政劃撥／19907596 楓書坊文化出版社
網　　址／www.maplebook.com.tw
電　　話／02-2957-6096
傳　　真／02-2957-6435
作　　者／関真興
翻　　譯／陳聖怡
責任編輯／江婉瑄
內文排版／謝政龍
港澳經銷／泛華發行代理有限公司
定　　價／350元
出版日期／2022年10月

國家圖書館出版品預行編目資料

極簡土耳其史 / 関真興作 ; 陳聖怡譯. -- 初版. -- 新北市 : 楓樹林出版事業有限公司, 2022.10 面； 公分
ISBN 978-626-7108-74-1（平裝）
1. 土耳其史
735.11 111012302